EL CINE NUESTRO

DE CADA DÍA

Compilado por: Eduardo Rosado Rodríguez

REVISADO·POR·EL·COMITÉ· EDITORIAL¶|

Copyright © 2023 Cinemovida

Título Original: EL CINE NUESTRO DE CADA DÍA

Ilustración inspirada en la obra de Ramón Frade diseñada por:
Gabriel Berdecía Hernández

Emplanaje de la portada por: Pedro Miguel Pagán - Rivera

Revisora: Ana María Cervantes Mendoza
(anamendoza6@gmail.com)

Editorial: Amazon

ISBN: 9798378011919

ÍNDICE

AGRADECIMIENTOS

Este libro nace gracias al apoyo de un puñado de personas que en diversos momentos aportaron su grano de arena para materializar el mismo: comenzando con Gabriel Berdecía y su maravillosa idea de conmemorar nuestros 110 años de cine boricua.

Emilio Suárez que me ayudó a comenzar a darle forma y organizar los artículos.

Iván Nieves que fue guía para nosotros desde el día 1.

Pedro Miguel por involucrarse y darme apoyo con la parte de darle forma en el diseño.

Norma Encarnación quien desde el primer momento de contarle esta idea y en contra del reloj dijo sí y me ayudó junto con Ana María Cervantes Mendoza, quien, sin conocerme, se sumó y es parte fundamental de que este libro esté en sus manos.

Kary Ríos y Carlos Daniel por inspirarme y apoyarme.

Al maestro Roberto Ramos Perea por siempre guiarme, aconsejarme, apoyarme, inspirarme y motivarme.

Al instituto de Alejandro Tapia porque cuando estábamos a punto de rendirnos nos dieron su apoyo para poder costear los gastos de impresión.

A mi esposa y amiga Kathy García, por siempre estar junto a mí en todo.

A todos los que por los pasados 20 años han sido parte de Cinemovida y nos han apoyado.

A los colaboradores que siempre que les pedí ayuda me respondieron con estos hermosos artículos que tienen en este texto impreso: Ramón "Monchy" Almodóvar, Alex Serrano Lebrón, Benji López, Roberto Mercado y al Maestro Pepe Orraca. Infinitas gracias.

Finalmente, a mis estudiantes, quienes con su curiosidad se vuelven el motor mío para hacer estos proyectos.

Eduardo Rosado

BIOGRAFÍA

Jorge L. Crespo Armáiz

Natural de Manatí, Puerto Rico. Posee un bachillerato (1978) en economía, una maestría (1988) en planificación, ambos de la Universidad de Puerto Rico, Recinto de Río Piedras y un doctorado en historia en el *Centro de Estudios Avanzados de Puerto Rico y el Caribe* (2010). Su especialidad se centra en el análisis crítico de las imágenes visuales, en particular la fotografía, en su doble función como documento histórico y artefacto cultural. También posee amplia experiencia en el campo de los estudios numismáticos y de historia monetaria de Puerto Rico.

Su publicación, ESTEREOSCOPÍA Y SUJETO COLONIAL (2015), recibió el Premio Nacional de Historia del PEN Club de Puerto Rico en 2016 y fue seleccionada entre los mejores libros del año por la crítica Carmen Dolores Hernández. Sobre esta publicación la Universidad del Turabo desarrolló un documental titulado EL COLECCIONISTA, el cual ganó un premio EMMY Suncoast en 2017.

Entre otras publicaciones se destacan: *De la prosperidad a la resistencia: La representación de Puerto Rico en la revista National Geographic 1898-2003* (Revista Caribbean Studies, 2014); *EL REGALO DE PROMETEO: Ensayos sobre fotografía* (Editorial UNE, 2015); *PASEOS POR LA CAVERNA: Imágenes, representaciones y otros simulacros* (Editorial UNE, 2018) y Jack e Irene en Manati (1941): Entre juegos de la fotografía documental y la estetización de la pobreza (en LA MIRADA EN CONSTRUCCIÓN: Ensayos sobre cultura visual. Editorial Luscinia, 2022).

Actualmente trabaja en la publicación de dos libros: *LA "LÁMPARA MARAVILLOSA" EN PUERTO RICO: Puerto Rico a través de vistas en cristal (1834-1930)* y *HÉROES Y VILLANOS: Puertorriqueños en la industria del "cómic" (1940-1960)*.

Gabriel Berdecía

Gabriel Berdecía es un joven cineasta e ilustrador, que ha laborado en la industria de cine como script supervisor, asistente de dirección y producción en diversos proyectos para eventos, teatro y televisión.

En el 2019, produjo un proyecto junto con la compañía de Turismo de Puerto Rico llamado *"P.R. Lives The Magic"*. Ha trabajado cubriendo distintas bases de producción para varios largometrajes. Su labor lo ha llevado a realizar diversos proyectos con el fin de rescatar y preservar la historia del cine en Puerto Rico como medio de exhibición.

Para el año 2022, Gabriel dirigió y produjo el corto documental *"Apaga Musiú": La Historia de los Cines del*

Viejo San Juan, el cual fue estrenado en el restaurado Cine Luna en San Juan. Actualmente, preside el proyecto "*Musiú*" el cual ha realizado distintos esfuerzos con propósitos educativos. Su labor se ha expandido con la creación del blog *@Cinema.SanJuan1* donde se comparten fotografías, datos históricos y curiosidades acerca de nuestro cine, siendo actualmente éste el único lugar donde se documenta todo sobre este tema. Sus estudios tanto en el Colegio de Cinematografía, Artes y Televisión como en la Escuela de Artes Plásticas y Diseño han permitido marcar su propósito en la industria audiovisual de Puerto Rico.

Eduardo Rosado Rodríguez

Eduardo Rosado Rodríguez es un reconocido cineasta puertorriqueño, actor de teatro y cine, historiador, crítico de cine y escritor. Destacado por hacer cine bajo la técnica de cine improvisado y ser uno de los mayores exponentes del movimiento cine libre. Es uno de los investigadores de cine puertorriqueño más activos del país. Por su labor de exhibición y sus esfuerzos en producciones de colegas y cineastas emergentes que no lograban entrar a las salas de exhibiciones comerciales, se le ha apodado, el padre del cine "underground" en Puerto Rico.

Desde el 2011 es profesor de cine en el Colegio de Cinematografía, Artes y Televisión (CCAT) y ha sido profesor en Columbia Centro Universitario, el LICEO de Arte y Tecnología y Marquette University. Es fundador del colectivo Cinemovida, de la Escuela de Cine de Puerto Rico y el Conservatorio de Cine de Puerto Rico.

Benjamín López

Benjamín López (también conocido como Benji López), no llegó al cine de la manera convencional. Al crecer, su pasión se inclinó más hacia el lado musical del arte, tanto que a los 15 años se convirtió en el vocalista principal del grupo de rock Taba Co y lanzó dos álbumes con gran éxito.

No fue hasta finales de los 1920, principios de los 1930, que le picó el gusanillo del cine. El éxito inesperado de un cortometraje que dirigió años antes mientras asistía a la Universidad Interamericana de Puerto Rico, es lo que impulsó el descubrimiento y posterior exploración de las habilidades innatas de dirección y escritura de López. Ese cortometraje es lo que inspiró su debut como director, *Tainos* (2005), un drama de aventuras que es una exploración social e histórica de una ficticia tribu indígena perdida que contribuyó en gran medida a la fundación cultural de Puerto Rico.

López nació en East Chicago, Indiana, donde pasó los primeros seis años de su vida hasta que se mudó a Comerio, Puerto Rico, la ciudad natal de su padre, con su madre y su hermano. Mientras cursaba su licenciatura en Comunicaciones con concentración en Producción de Medios en la Universidad, adquirió experiencia práctica como técnico audiovisual en la empresa de alquiler de audiovisuales Stage Crew, Inc.

López acumuló una cartera importante dirigiendo comerciales de televisión y videos musicales y, en el 2004, lanzó la productora puertorriqueña Innova Entertainment con su socio comercial Eduardo Correa. Poco después de estrenar *Tainos*, López mostró aún más su destreza como director y su habilidad para cambiar de género al hacer la exitosa trilogía, *Mi Verano con Amanda*, la primera franquicia de comedia en Puerto Rico. La innovadora película obtuvo tres victorias en el Festival de Cine de Rincón de 2009, incluyendo Mejor Película Local, Mejor Actriz y Mejor Director.

En el 2013 estrenó su cuarto largometraje, *¿Quién Paga la Cuenta?* La comedia dramática, ambientada en Honduras, se convirtió inmediatamente en una de las 10 películas más taquilleras de Centroamérica y aún mantiene el récord como la película local más taquillera de Honduras. Las películas de López se pueden ver en servicios de transmisión populares como Amazon, Flix Latino y cadenas de televisión como Cinelatino y Viendomovies.

Su más reciente comedia romántica, *Amor en 266 Millas*, acaba de terminar la post producción. Explora temas de divorcio, comenzando de nuevo y persiguiendo las propias pasiones. López también dirigió su primera película en inglés, *Mixtape*, una historia sobre la mayoría de edad dirigida a los adolescentes. Ambas películas están programadas para estrenarse en los próximos meses. Con una nueva lista de películas escritas y programadas para filmar en el 2022, López está preparando el escenario para un impacto masivo en el panorama general. Tiene muchas ganas de mostrar su trabajo a nuevas audiencias a lo largo y ancho, y está abierto a explorar nuevas y emocionantes oportunidades en el negocio.

Emilio Suárez

Emilio Suárez (también conocido como Script Junkies), nacido en Mayagüez y criado en el pequeño pueblo de Hormigueros, siempre mantuvo curiosidad por las artes. En su adolescencia comenzó a sentir curiosidad por el cine; sobre todo por los personajes y las historias. En el año 2000, Suárez decide mudarse a San Juan donde obtiene un bachillerato en artes visuales, telecomunicaciones y teatro en la Universidad del Sagrado Corazón. Inmediatamente completa su maestría en redacción de guiones en la misma universidad. Poco después, junto a la actriz y productora Yoanna Sánchez y el director Vance McLean Ball, se unen en lo que hoy lleva el nombre de Script Junkies: una pequeña compañía de producción de cine, escritura y consultoría de guiones.

Luis Freddie Vázquez

Luis Freddie Vázquez es actor, guionista, director y productor por los pasados 29 años. Películas como, *Contraseña, Kamaleón, Kuarentayseis e Ilusión* son parte de su filmografía como Productor; *Desamores y Las Dos Caras de Jano* como Productor Asociado; *Kabo y Platón* como Gerente de Producción y como dramaturgo sus obras incluyen *Audición, Sombras, Redención, El Gran Viaje de las Maletas de Jesús, La Decisión, Las Flores de Emilio* entre una veintena de libretos. Escribió los guiones de *Kamaleón* 2003 (película TV), *Contraseña* 2008 (película Cine), *The Unkwon legend of the Shinning Star: The Chi Chi Rodríguez Story* (documental Cine), *Tour En L'Air La Historia de la Julián* (documental Cine) y *Encuentros* (Cortometraje Cine). Ha dirigido varios anuncios publicitarios y videos corporativos destacándose *Vida Positiva de MaunaCoop*

(AP), Más allá del producto BBVA (VC). En los últimos años ha dirigido varios videos musicales *A System Without Honor* de la banda TAVU (VM), *The Narrowing of Meaning y Beyond the Threshold* de la banda Avandra. También dirigió el documental Tour *En L'Air La Historia de la Julián* (documental Cine) *Encuentros y Código X* (Cortometrajes Cine). Vázquez fue vicepresidente de Asociación de Productores Cinematográficos y Audiovisuales (APCA) de Puerto Rico (mayo 2010-octubre 2012) Representante de Puerto Rico en Federación Iberoamericana de Productores Cinematográficos y Audiovisuales (FIPCA) (abril 2011–enero 2013).

Como actor ha participado en obras de teatro como *Bienvenido Don Goyito, A puerta Cerrada, Puertorriqueños, El Humor de Dios, Manteca, Sexo, Amor, Pudor y Paz, El viaje, Olla de Pedrito Santalíz, Yuyo, Tiempo Muerto, El Enano Saltarín, Mi maestro está Pasao, Don Quijote de la Mancha, El nacimiento viviente, Una Mirada al San Juan de Antaño, El Alquimista Festival Chejov Rusia, ¿Quién eres tú? Jesús de Nazareth, Redención, Un regalo en Navidad, Los tres hermanos y la Navidad, Sombras, Puente de la Navidad, Sacrificio, 7 veces 7 la vida en 7 Palabras, La Decisión, La fiesta de los Superhéroes, Las Flores de Emilio*.

Actor TV

En la televisión ha participado en varias miniseries *Un día antes, Enigma, Esto fue lo que pasó, Extremos, Casos sin Resolver, Papa Mendigo, Generaciones, Creatures* entre otras.

Actor Cine

En el cine comenzó como extra en el 1992 en la película Norteamérica *Capitan Ron,* luego siguió con *Assasins, Frog Man, Jacob's Ladder, The Disappearing of García Lorca, King of South Beach, Under Suspicion* donde actúa junto a su actor favorito Morgan Freeman. Más adelante obtiene papeles de reparto en películas locales como *Ilusión, Los Días de Doris, Manuel y Manuela, El lado Oscuro de las Arañas Papeles secundarios en Kuarentayseis, Desamores, Santa Cristal, 3000 y Mochila Pal Paraíso.* Papeles principales en Los Últimos 10 minutos (cortometraje), *Baby Dreamer* (cortometraje) *El Pianista* (cortometraje), *El Viaje* (Cortometraje), *Nuevo Amanecer* (TV Movie), *Kamaleón* (TV Movie), *Contraseña* (Movie), *El Color de la Guayaba* (Movie).

Ramón Almodóvar Ronda

Durante los pasados cuarenta y dos años Ramón Almodóvar Ronda ha trabajado en proyectos para la televisión y la industria de cine de Puerto Rico. Desde 1983 hasta el 2019 se desempeñó como Profesor de Español y Comunicaciones en los Departamentos de Humanidades y Comunicaciones de la Universidad Metropolitana de Puerto Rico. Además, ofreció cursos de redacción de guiones en la Universidad del Sagrado Corazón y el Ateneo Puertorriqueño.

Su trabajo incluye la producción y redacción de libretos de diversas series educativas para televisión, transmitidas por WTMJ-TV, Canal 40, por los que ha ganado varios premios del Instituto de Ética de Televisión y Radio de Puerto Rico (INTRE).

En 1983 Almodóvar Ronda ganó el *"Premio Peabody"* por "Portrait of America" producido para Turner Broadcast Station y en 1988 el Premio Especial del Jurado de Documentales en el Décimo Festival del Nuevo Cine Latinoamericano de La Habana por *"El 30 de agosto"*.

El señor Almodóvar posee treinta créditos doctorales del Departamento de Estudios Hispánicos de la Facultad de Humanidades de la Universidad de Puerto Rico; además posee una Licenciatura en Filología Románica (Hispánica) de la Universidad Central de Barcelona, España; y un Bachillerato en Arte (Estudios Hispánicos) de la Universidad de Puerto Rico.

Como guionista ha sido invitado a participar de talleres internacionales por prestigiosos profesionales como Jean-Claude Carriere, Frank Daniels, Jaime Humberto Hermosillo y Gabriel García Márquez. También ha sido jurado de varios festivales de cine internacional: el Festival de Cine Internacional de Cartagena, Colombia (1994 y 1999); el Festival de Cine Latinoamericano y Brasileño de Gramados, Brasil (1996); el Festival de Cine Internacional de Santo Domingo, República Dominicana (2002); la 3ra. Muestra de Documentales de América Latina, México (2004) y el Festival del Nuevo Cine Latinoamericano de La Habana (1989,1996 y 2011).

De 1988 al 2003 formó parte de la Junta de Directores del San Juan Cinemafest de Puerto Rico (Festival Cine San Juan) y se desempeñó como su presidente desde el 1992-1996 y 1999 al 2003. En 1998 ayudó a fundar la Asociación de Productores Cinematográficos y Audiovisuales de Puerto Rico (APCA) y desde el 2000 al 2010 fue el presidente de esta organización de profesionales del cine. Desde marzo de 2003 a febrero de 2009 fue miembro de la Junta de Directores de la Fundación Puertorriqueña de las Humanidades. A partir del 2005 comenzó a trabajar como consultor para varias compañías de producción en Puerto Rico en el área de financiamiento y formó parte de un grupo de profesionales que llevó a cabo una investigación sobre la viabilidad y necesidad de crear un estudio (Sound Stage) y una escuela de cine en Puerto Rico.

En julio de 2011 formó parte del Comité de Evaluación de Guiones presentados a la 9na. Convocatoria del Fondo Cinematográfico de la Corporación de Cine de Puerto Rico.

Fue el Coordinador General de los "100 años de cine puertorriqueño: la proyección de un pueblo", evento que comenzó en septiembre de 2011 y culminó en diciembre de 2012 con la presentación de distintas actividades y exhibiciones de películas relacionadas al cine puertorriqueño, caribeño y latinoamericano.

Miembro de la Asociación de Documentalistas de Puerto Rico (AdocPR) desde su creación hasta el presente. Vice-Presidente de AdocPR 2018-2019 y 2021-2022.

Productor *"Psiquis: Diario de un Colonizado"*, documental largometraje en producción, para ser estrenado en mayo de 2023.

A continuación, un listado de algunos de los trabajos de Ramón Almodóvar Ronda en producciones para el cine y la televisión.

"Cayo" (2004-05) largometraje ficción / Coordinador Posproducción

"Bienvenido-Welcome II" (2004) largometraje ficción / Productor Asociado

"San Juan, Ciudad de Todos" (2000) documental 35mm / guionista

"Casas para mi pueblo" (1999) documental / Productor y Guionista

"Ricardo Alegría: Precursor de la Preservación" (1998) documental / Productor y Guionista

"Through the Eyes of Larry Harlow: the History of Salsa" (1997) documental / Productor y Guionista

"Un impulso insurreccional: la plástica puertorriqueña en los 50" (1995) documental / Director, Productor y Guionista

"La Composta: el oro marrón del agricultor" (1994) documental / Productor

"El agua nuestra de cada día" (1993) documental / Productor y Guionista

"Cuentos de Abelardo" (1989) largometraje ficción / Gerente de Producción

"El 30 de agosto" (1989) documental / Productor y Guionista

"Puertorriqueños Ilustres" (1987) serie televisada / Productor Ejecutivo

"Rafael Tufiño: Pintor del Pueblo" (1985) documental / Director, Productor y Guionista

"Al Hawaii" (1984) documental / Director, Productor y Guionista

"El Legado de Arturo Alfonso Schomburg" (1983) documental / Productor y Director

"*Portrait of Puerto Rico*" (1983) documental / Productor Asociado

"*Las Fiestas de Santiago Apóstol en Loíza*" (1982) documental/Productor y Guionista

"*Análisis de Contraste*" (1981-82) serie televisada / Productor y Guionista

"Hacia una visión positiva del puertorriqueño" (1980-81) serie televisada / Productor y Guionista.

Alex Serrano Lebrón

Alex Serrano Lebrón nació en San Juan, Puerto Rico. Es graduado de bachillerato en Psicología en la Universidad de Puerto Rico, Recinto de Río Piedras. En sus primeros años universitarios se inclina hacia el estudio de los aspectos psicológicos enmarcados en los procesos de comunicación. Aquí comienza su amor por el cine. En 2004 cursa estudios graduados en Comunicación en la Universidad del Sagrado Corazón, con una especialidad en Medios y Cultura Contemporánea. En el ámbito profesional se ha destacado como archivero, investigador, redactor y especialista en comunicaciones.

Roberto Mercado

Roberto Mercado García nació en la ciudad costera de Mayagüez, Puerto Rico. Trabajó durante ocho temporadas como cargador de bates de los Indios de Mayagüez de La Liga de Béisbol Profesional de Puerto Rico (1980-88). Con el equipo, fue testigo de tres campeonatos, dos juegos de estrellas y tres Series del Caribe. Roberto posee un bachillerato en Estudios Interdisciplinarios (Arte e Historia) del Dallas Baptist University (Dallas, Texas) y un grado de Maestría en literatura en Inglés. En diciembre del 2006, la Editorial John Louis Von Newman de Carolina, PR, publicó su primer libro de memorias, *"Crónicas de un Carga Bates Indio"*, en el que describe sus vivencias como carga bates del equipo de los Indios de Mayagüez.

Ha publicado diversidad de artículos en revistas y periódicos en temas de música, literatura y deportes. Es un dedicado coleccionista de memorabilia, videos y películas y literatura del béisbol latino, la lucha libre mexicana y de la música Afro Caribeña. Ha dado charlas educativas sobre estas materias en escuelas, museos e instituciones gubernamentales. Sus colecciones y artículos han sido destacados en la prestigiosa revista de coleccionismo de deportes, Tuff Stuff, Latin Beat Magazine y Autograph Collector Magazine. Roberto es miembro activo de SABR (Society for American Baseball Research) capítulo de Dallas.

En junio del 2010, Kathy García y Eduardo Rosado de la compañía Cinemovida, produjeron el documental, *"Los Indios de mi Pueblo"*, trabajo que escribió y lo dedicó a uno de los equipos de béisbol más exitosos de América Latina, Los Indios de Mayagüez de Puerto Rico. Este documental se estrenó con excelentes críticas en Nueva York y Puerto Rico y formó parte de la programación regular del canal de televisión Latin American Sports propiedad de Ayo Sports de México, D.F. En marzo del 2012, publicó su primera historieta, *"Aski: El Guerrero Maya"* y su presentación oficial junto al verdadero Aski ante los niños participantes del programa Promise House

Inc. de Dallas, TX. En la actualidad ha publicado dos novelas gráficas y 10 historietas para la editorial Lucha Cómics de Toronto, Canadá.

Pepe Orraca

(Photo: Malorie Campinoti)

José (Pepe) Orraca-Brandenberger es un exitoso cineasta con amplia experiencia en todos los aspectos de la producción cinematográfica y televisiva. Ha realizado trabajos para los mercados hispanos de EE. UU., América Central y del Sur, y la región del Caribe. Fue Presidente de la Sección de Cine y Video del Ateneo Puertorriqueño desde 1991 hasta el 2011. Es Presidente fundador de la Junta Directiva de la Filmoteca Nacional de Puerto Rico (2008). Presidente, Asociación de Productores Cinematográficos y Audiovisuales de Puerto Rico, 2009. También enseña cine en el Colegio de Cinematografía, Artes y Televisión (CCAT) y es coordinador del programa de su Grado Asociado en

Cinematografía, el único A.D. en cinematografía que se ofrece en Puerto Rico.

Su trabajo más reciente incluye: *Juan y su cabro Nepo*, primero de una serie de cortos educativos y *Amor que Sana*, largometraje documental. Otros créditos de largometraje como guionista y/o director son: *Callando Amores* (1995), *Punto 45* (2002) *y Siempre Te Amaré* (2004). Dentro de los trabajos realizados en la televisión se destacan: *Caribbean Nights*, 26 episodios (WTBS), 1981 e *Insólito*, 26 episodios (WAPA), 1990.

Los créditos como escritor incluyen: *The Singer: the Hector Lavoe Story* (Doctor de guion), *Tangle* (guion original), *Bacalao* (guion original) y *Todo el año es Navidad* (2009) (piloto de serie de televisión).

Su trabajo en publicidad corporativa y de consumo ha recibido múltiples reconocimientos, incluidos dos Grand Award y tres Gold Award del New York International Film and TV Festival. Ha publicado *El Plan Integrado para el Desarrollo del Cine* (1992) y *La Ley, el Cine, y la Realidad* (2004) y *El Manual para el Director de Cine* (2010). Sus columnas de opinión, conferencias y ensayos han sido publicadas en San Juan, Puerto Rico y Atlanta, Georgia.

Actualmente mantiene un blog titulado: La Terapia de Pepe Orraca.

Roberto Ramos Perea

Nació en Mayagüez, Puerto Rico, el 13 de agosto de 1959. Dramaturgo, director de escena y de cine, guionista, actor, historiador y sociólogo del teatro y el cine puertorriqueño.

Cursó estudios superiores de Dramaturgia y Actuación en el Instituto Nacional de Bellas Artes de México, D.F. y prosiguió esos estudios en la Universidad de Puerto Rico, así como estudios en Historia y Sociología de la literatura dramática y el cine en seminarios internacionales. Es Presidente del *Instituto Alejandro Tapia y Rivera* y Director Artístico de su *Compañía Nacional de Teatro*. Fue periodista en los diarios *El Reportero, El Vocero, El Mundo, Puerto Rico Ilustrado* y la *Revista VEA*.

Ha estrenado y publicado más de cien obras teatrales en Puerto Rico, y en países como Japón, Estados Unidos,

Europa y Latinoamérica y sus obras han sido traducidas y representadas en más de siete idiomas. Ha publicado libros y numerosos estudios sobre diversos temas literarios, de la literatura afrodescendiente, de cine y teatro puertorriqueños.

En 1992, el Ministerio de Cultura de España le otorgó el *Premio Tirso de Molina* a su obra *Miénteme más*. El Premio Tirso de Molina es el más alto premio que se le ofrece a un dramaturgo de habla hispana en el mundo.

Ha escrito y dirigido las películas puertorriqueñas *Callando amores* (1996), *Revolución en el Infierno* (2004), *Después de la Muerte* (2005), *Iraq en mi* (2007), *La Llamarada* (2015), *Bienvenido, Don Goyito* (2017), y *Vejigantes* (2021), así como el largometraje documental *Tapia: el primer puertorriqueño* (2009). Es autor de *CINELIBRE: Historia desconocida y Manifiesto por un cine puertorriqueño independiente y libre* (2008).

PRÓLOGO

El ser humano siempre ha tenido fascinación por, de alguna forma, captar en un medio físico su realidad para la posteridad. Si nos remontamos a la historia, el hombre primitivo hacía dibujos, tallados en piedras o petroglifos y pinturas para representar ideas, recrear momentos o expresar sentimientos. Siglo tras siglo, estas obras de arte primitivo fueron evolucionando. Muchas de estas expresiones de antaño no han sobrevivido. Las que sí, nos dan una idea de cómo fue la sociedad humana y cómo la misma fue transformándose hasta el presente. Pero ninguna de estas expresiones plasma mejor lo que somos como sociedad que el cine. Cuando vemos una película, no estamos viendo un producto único. Estamos viendo la integración de otras expresiones artísticas que en su conjunto nos narran una historia. Al unir en un solo medio la pintura, arquitectura, escultura, música, literatura y danza, el cine se convierte en el séptimo arte. Un arte que también es un medio de comunicación masiva, medio de expresión, medio educativo y el medio de entretenimiento favorito del público.

El desarrollo del invento del cine fue el resultado de muchos años de experimentación por personas en diferentes partes del mundo, principalmente en Francia y

Estados Unidos. En el siglo XIX, el arte de captar la realidad tuvo un gran adelanto con el invento de la cámara oscura. Este aparato, muy parecido a la cámara fotográfica que conocemos hoy día, permitía dibujar sobre un papel la imagen que entraba por una especie de lente. Era una forma de calquear o reproducir lo que se veía para hacer dibujos lo más parecidos a la realidad. Décadas más tarde, en el 1826, surge la primera fotografía creada por el francés Joseph Nicephore Niepce, la cual tuvo un tiempo de exposición de 8 horas. Niepce convirtió la cámara oscura en una cámara fotográfica y llamó "heliografías" a las imágenes fotografiadas. Años más tarde, otros inventores fueron desarrollando y acortando el tiempo de exposición para hacer más práctico y rápido el retratar la realidad con este nuevo invento. Aún faltaba idear cómo reproducir imágenes en movimiento. En el 1878, Eadweard Muybridge hizo una secuencia fotográfica con 24 cámaras. Esto lo realizó para crear una sucesión de imágenes que mostrara los movimientos de un caballo corriendo con su jinete. Su intención no era necesariamente inventar el cine, sino ganar una apuesta del gobernador de California, quien aseguraba que el caballo al correr tiene en cierto momento sus cuatro patas en el aire. Muybridge perdió la apuesta de $25,000, pero hizo una gran aportación a lo que más adelante se conocerá como el cine.

Con el invento de la fotografía, y con la posibilidad de captar movimiento con muchas fotos, solo faltaba crear una cámara que lo hiciera viable. Aquí entran lo que podemos entender son los tres padres de la cinematografía: Le Prince, Edison y los hermanos Lumiere. El 14 de octubre de 1888, el francés Agustín Le Prince inventó la primera cámara de cine, la cual usaba un rollo de papel fotográfico de 60mm. Sin embargo, este inventor "desapareció" en un viaje en tren antes de dar a conocer su invento al mundo. Su desaparición es un misterio. Nunca se supo qué le ocurrió y su cuerpo nunca fue hallado. Su invento, aunque fue conocido por pocos, no llegó a ser reconocido mundialmente. Por tal razón, otra persona en los Estados Unidos se llevó el crédito del invento del cine. Nos referimos al prolífero inventor Thomas Alva Edison. En mayo de 1891, Edison mostró públicamente su "kinetógrafo", una máquina para captar imágenes en movimiento, utilizando un rollo de papel fotográfico. Al año siguiente, sustituyó el papel por un rollo de película de 35 mm inventado por George Eastman y su empresa Kodak. Para ver las películas de Edison, se requería una máquina parecida a una fuente de agua donde la persona miraba por un visor una película de aproximadamente un minuto. Esta máquina se llamó "kinetoscopio" y tenía la limitación de que solo una persona podía ver una película a la vez. Para ver más de una película, se acudían a salones llamados "Nickelodeon" donde se ubicaban varias máquinas, cada una con un título distinto. Con el invento de Edison la experiencia de ver cine era una individual e incómoda, ya que había que doblarse para ver el filme por un visor. No es hasta el 28 de diciembre de 1895, en París, Francia, que el cine nace como medio de comunicación masiva y como espectáculo de masas. Los hermanos Auguste y Louis Lumiere, quienes trabajaban con su padre en una fábrica de hacer placas fotográficas, perfeccionaron el invento de Edison logrando que las películas se proyecten en una pantalla grande. Este invento fue tan novedoso que Edison también decidió desarrollar proyectores, desplazando así sus propios kinetoscopios. Algunas de estas máquinas aún existen en museos alrededor del mundo. Luego del nacimiento del cine en Estados Unidos y Francia, cabe preguntarse cuándo llegó este nuevo invento a la Isla del Encanto.

El teatro Municipal de San Juan, que en la actualidad se conoce como el Teatro Tapia, fue el lugar en Puerto Rico donde se proyectaron, por primera vez, imágenes en movimiento sobre una pantalla. La noche del 9 de mayo de 1897 los sanjuaneros fueron los primeros en la isla en apreciar este nuevo invento de Edison. Luego de esta fecha se realizaron otras presentaciones en el Teatro Tapia y en otros teatros de la isla. Los puertorriqueños tuvieron la oportunidad de ver películas cortas de la empresa de Edison, así como las de los hermanos Lumiere. La acogida a esta nueva forma de conocer al mundo y de entretenimiento mereció muchos aplausos por parte de público, como fue reseñado por la prensa de aquella época. Cabe mencionar que las primeras imágenes en movimiento proyectadas eran escenas de la vida cotidiana o expresiones artísticas, silentes y carentes de argumento. Más adelante, otros cineastas van a ver el potencial de este nuevo invento para contar historias.

Año tras año fue creciendo la acogida del cine en Puerto Rico. No es hasta el 1912 que un fotógrafo español, de nombre Rafael J. Colorado, hace la primera película de argumento en Puerto Rico. La película se tituló "Un drama en Puerto Rico", quizás con una duración de 10 minutos. Lamentablemente, no sobrevive ninguna copia al presente, solo unas fotografías de la película. Tampoco existen copias de otras películas de argumento que

41

produjo Colorado. Se cree que las mismas fueron destruidas en un fuego, ya que las películas de aquella época eran muy inflamables y estaban compuestas de un químico que las hacía imposible de apagar una vez en incendiaban (aun sumergiéndolas en agua). En expresiones tomadas por un periodista de la época, Colorado dijo que en Puerto Rico "era imposible hacer cine". Quizás tuvo malas experiencias filmando o distribuyendo sus películas lo cual lo hizo expresarse de esa manera. ¿Tenía razón Colorado sobre la realidad del cine puertorriqueño?

Luego de Colorado, surgieron cineastas puertorriqueños que se dieron a la tarea de hacer cine. Unos con más éxito que otros. En el 1927, con el nacimiento del cine sonoro, las imágenes en movimiento tomaron aún más "vida". El cine ahora va a ejercer una influencia más grande en la población. Por eso, en algunos países se crearon comités de censura para garantizar que las películas fueran aptas para todo público. Conociendo el impacto positivo que puede tener el cine en la población, el gobierno de Puerto Rico creo la División de Educación a la Comunidad (DivEdCo). Entre otras funciones, esta agencia tenía la tarea de realizar películas con historias y mensajes dirigidos a crear cambio social en las comunidades de la

Isla. La DivEdCo se puede considerar la primera industria de cine puertorriqueño. Aunque su propósito no fue hacer películas comerciales, tenía toda la infraestructura para hacer cine (equipos, técnicos, laboratorios, proyectores, artistas gráficos, imprenta, etc.). Luego de la DivEdCo, se crearon empresas puertorriqueñas que aportaron a la infraestructura para hacer cine comercial. La primera película comercial, que a su vez tuvo mucho éxito, fue "Maruja" (1959). Luego de "Maruja", hubo muchos años de actividad cinematográfica, y otros no tan activos. En ciertos momentos, el gobierno también ha tenido un rol importante en fomentar la producción de cine en Puerto Rico. En otras ocasiones ha sido un obstáculo, por su burocracia y falta de visión.

Conocer la historia de nuestro cine es fascinante e importante. Puerto Rico lleva más de un siglo proyectando y haciendo películas. Nuestro cine ha pasado por muchos momentos buenos y otros no tan buenos. Ha tenido momentos de fama y momentos de olvido. A pesar de esto, el deseo de los cineastas puertorriqueños de contar historias no ha mermado. La revolución del vídeo digital de finales del siglo XX, y luego el video de alta definición en los inicios del siglo

XXI, permitió que el cine se pudiese realizar con menos presupuesto y con equipos más pequeños. Los cineastas cuentan ahora con recursos técnicos más económicos para contar sus historias, cosa que sus predecesores no tuvieron. Esto creó una nueva generación de cineastas interesados en contar todo tipo de historias. A esto le sumamos, a partir de los años 90s, los diversos festivales de cine que tenemos durante todo el año. Estos ofrecen un espacio temporero para mostrar un nuevo cine, a veces de carácter experimental, para aquellas producciones que no logran tener que un espacio en las salas de cine comerciales. También surgieron programas académicos de cine para preparar a la nueva generación de cineastas locales. El gobierno, por su parte, creó en el año 2001 un fondo de financiamiento a modo de préstamo para hacer películas puertorriqueñas. Este fondo ya no existe, pero fue sustituido por incentivos contributivos los cuales son muy usados en otros países para fomentar en sus suelos la producción de cine, local o extranjero. Actualmente, esta es la forma más usada por nuestros cineastas para financiar sus películas y a veces documentales. A pesar de este nuevo paradigma de la cinematografía local, o lo que otros llaman nacional, todavía no podemos decir que tenemos una industria de cine próspera y estable. Seguimos teniendo los mismos problemas de financiamiento y distribución que por años han sido el talón de Aquiles de nuestro cine. A esto le sumamos, en ocasiones, la falta de apoyo del público boricua a sus películas. ¿Hemos aprendido de nuestro pasado cinematográfico? ¿Seguiremos cometiendo los mismos errores en el futuro? ¿Qué oportunidades o retos nos ofrecen las plataformas de exhibición de películas conocidas como "cibertransmisión" o "streaming"? ¿Qué podemos hacer para mantener vivo nuestro cine?

Para conmemorar los 125 años de la primera proyección de cine en Puerto Rico, y los 110 años de la primera película de argumento puertorriqueña, el colectivo Cine Movida recopiló una serie de crónicas y artículos reflexivos sobre nuestro cine, publicados hace unos años en su página web y escritos por diferentes cineastas locales. Aunque el libro no pretende contar la historia de nuestro cine, sí espera que meditemos un poco más sobre el legado cinematográfico puertorriqueño y la importancia que tiene como medio de expresión de un pueblo. No olvidemos que el cine es, y será siempre, un medio de contar historias, nuestras historias. Este libro enriquece el acervo de libros sobre el cine puertorriqueño ya publicados, constituyendo un instrumento más para la importante tarea de conocer y difundir la historia del cine puertorriqueño.

Iván David Nieves – Febrero 2023

Iván David Nieves

Es un especialista en la producción audiovisual destacándose en el área documental y en el estudio del cine puertorriqueño. Posee un Máster en Producción Audiovisual, Máster en Escritura de Guiones para Televisión, Maestría en Administración de Empresas y Bachillerato (licenciatura) en Telecomunicaciones y Publicidad. Como profesional audiovisual ha sido productor, director, investigador, guionista, camarógrafo, director de fotografía y editor de documentales. Además, ha producido cortometrajes y conferenciante de temas sobre cine. Fue profesor de cine y televisión en varias universidades de Puerto Rico, coproductor de dos obras de teatro, cofundador de la Asociación de Documentalistas de Puerto Rico y productor del programa de radio dedicado al cine puertorriqueño "Corriendo Cámara".

INTRODUCCIÓN

La discusión sobre lo que es el cine puertorriqueño no ha cesado.

Ha tenido grandes momentos desde que se presentó como tema cultural vital en los años 50 con los primeros manifiestos "filmados" de la DIVEDCO y luego con los documentalistas de *Tirabuzón Rojo* en los años 70, hasta llegar a las amplias discusiones promovidas por los estudios de Joaquín "Kino" García en los 80 y luego el controvertible manifiesto de *CINELIBRE* que lanzamos en el 2008.

La discusión ha sido acalorada, porque esa definición carga consigo una seria disputa sobre la identidad. Y si alguna manifestación cultural ha tenido un talón de Aquiles muy débil, ha sido la discusión sobre el cine, y esto ha sido así porque nuestro cine se ha criado a la sombra de un cine caníbal como lo es y lo seguirá siendo, el monstruo de Hollywood.

El deseo de muchos cineastas nacionales de parecerse al "cine gringo" sigue siendo una desgraciada pesadilla que por décadas nos ha impedido el desarrollo de un cine nacional con características propias, con preocupaciones autóctonas y nuestros personales sistemas de mercado y difusión; que no decir nuestra particular manera de filmarlo. El "cine gringo" se ha metido en nuestra forma de mirar. Al haberlo visto tanto y todos los días, el consumo del cine hollywoodense "formó" nuestras maneras de ver y hacer el cine. "Colonialidad cultural" le llaman, y sí, existe y está.

Sin embargo, - ¡esos necesarios "sin embargo"! - una nueva generación, impulsada mayormente por la necesidad y en menor grado por la convicción, decidió ir quebrando aquellas máscaras que cubrían el verdadero rostro de nuestro cine y lo han ofrecido para las nuevas generaciones como un producto híbrido, ajiaco de muchas influencias, pero en el fondo, gozoso de una individualidad nueva. No puedo dejar de pensar en obras de arte cinematográficas puertorriqueñas, propias de una identidad recién descubierta, no dependiente de Hollywood, ni acomodadas a las frivolidades "festivaleras", o a la televisión comercial, sino filmadas para pensar y afirmar con prístina claridad una buena parte de lo que somos como pueblo. Películas como *Ayer Amargo, Lo que le pasó a Santiago, El Chata, 12 Horas, Por Amor en el Caserío*, ¡entre tantas otras!, buscan resucitar una identidad social (*Linda Sara, La Guagua Aérea, Punto 45*) y política (*La gran fiesta, Los Cuentos de Abelardo, Héroes de Otra Patria, Revolución en el Infierno* y *La llamarada*) para cantar nuestra particular manera de existir y sobrevivir como Nación.

Esta nueva generación siente pesada la influencia gringa (algunos terminan siendo meros imitadores), porque mal que nos pese, nos es impuesta hasta por el mismo gobierno insular con sus precarias y limitantes definiciones de industria, con su rechazo a considerar el cine como un "arte" negociable, y solo hacer énfasis en el burdo negocio o cacarear la pretendida e inexistente industria. Esta tendencia nos ha llevado a producir algunas películas que honestamente nos avergüenzan. Se vive la "industria" bajo la creencia de que para hacer dinero con el cine baste filmar cualquier cosa, cualquier intrascendencia que tenga "la formulita" gringa, el sexo vulgar, la violencia irracional de las calles, el reguetón, o el banal chacoteo que promueve el racismo y el machismo sistémico.

¿Qué dice nuestro cine? ¿Es lo que dice MENOS IMPORTANTE que el acto de crearlo? Esta es la discusión que debe promoverse. Para ello debemos discutirlo apasionadamente. Confrontar esas visiones que tenemos de lo "puertorriqueño", y así sabremos quién impulsa qué. Saquemos el grano de la paja.

El presente libro que Eduardo Rosado y la generación de *Cinemovida*, curtida ya en sus propias maneras de hacer, defensores un cinelibre nacional, proponen una nueva guasábara para esta discusión. Esta discusión no puede dejar de ser social, política, afirmativa de la identidad. Si seguimos gastando palabras y tinta sobre los lentes de la cámara, sobre el equipo de luces, sobre las ventajas de tal o cual tiro, o de si podemos o no podemos aspirar al susodicho y maldito Oscar, seguimos dando la espalda a la Patria. Si eso es lo que algunos cineastas pretenden para congraciarse con el ogro del cine gringo, pues allá ellos.

Aquí en este libro hay una nueva provocación. Desde los artículos históricos, hasta los testimonios y los manifiestos, Rosado y *Cinemovida* se suman con este libro al prestigio del deber señalado. Asumen la honrosa responsabilidad de prolongar una discusión necesaria y urgente de la que depende nuestro futuro como cineastas.

Aun cuando esta discusión debería alcanzar a documentalistas, a cineastas que han escogido el corto como modo efectivo de expresión, el cine experimental, el cine para la TV y el cine imitador del "gringo", la discusión debe comenzar por *el largometraje de ficción*. Es el camino más difícil, pero por ahora es el más iluminado. Es el largometraje el que más dice por ser el que más habla. Y esta discusión, si bien nace de imágenes, esas imágenes se interpretan, se traducen en sentidos y significados, y por supuesto en propuestas y cuestionamientos, que es a lo que todo buen arte debe aspirar.

Rosado y *Cinemovida* se colocan en una deseable posición de prestigio y esa es la de continuar y elevar la discusión sobre qué es el cine puertorriqueño; esta tarea solo la acometen instituciones comprometidas con esos significados. *Cinemovida* se suma con honores a esa cruzada y gana la seria y responsable mirada de lo académico. El *Instituto Alejandro Tapia y Rivera*, que ofrece su antorcha en la discusión sobre lo que dice el cine nacional como una de sus prioridades, acoge y felicita estos empeños tan notables. Hemos seguido la ordalía de Rosado en sostener un grupo generacional a través de cursos, producciones cinematográficas, talleres, publicaciones, y asambleas que solidifiquen los logros obtenidos por nuestro cine. Logros que nos mantienen esperanzados, sin miedo a la tormenta, en discusiones y hechos que nos importan, porque *Cinemovida* tiene ojos donde otros son ciegos. Felicito este libro. Es una provocación necesaria y urgente. Es ahí donde se pone la mirada.

La escrutadora y fogosa mirada en ese cine nuestro de cada día.

Prof. ROBERTO RAMOS-PEREA

Cineasta y Dramaturgo

Instituto Alejandro Tapia y Rivera.

Febrero 2023.

Juguetes fonográficos: Prejuicio y representación en la era pre-cinema (1900-1925)[1]

Por: Jorge L. Crespo Armáiz, PhD

Los términos *"sociedad mediática"* o sociedad del *"espectáculo"* han cobrado una particular y fuerte connotación en la época que vivimos durante estas primeras décadas del siglo XXI. La conjunción de varios factores de naturaleza global ha abonado a estas caracterizaciones.

El avasallador avance tecnológico —particularmente en los campos de la informática y las telecomunicaciones— ha provisto la infraestructura necesaria para potenciar el ya tan común fenómeno de las comunicaciones instantáneas y el flujo de información sin barreras a través del mundo, sea esta información numérica, textual o visual.

Lo que inició como un proceso de modernización tecnológica limitado al mundo empresarial durante las décadas de los 1970 y 1980 del pasado siglo, y que luego

---

[1] Artículo publicado en *ÁMBITOS. Revista Internacional de Comunicación.* Universidad de Sevilla. Núm 29, agosto 2015. https://institucionales.us.es/ambitos/juguetes-fonograficos-prejuicio-y-representacion-en-la-era-pre-cinema-1900-1925/

evolucionó hacia una masificación de los procesos de comunicación electrónica por medio de la red de internet durante la década de los 1990, se ha transfigurado a inicios del nuevo milenio en un fenómeno orgánico a través de las llamadas "redes sociales", las cuales han representado un proceso de empoderamiento y libertad de expresión que incluso ha venido a retar los cimientos de muchas sociedades tradicionalistas.

En segundo lugar, la innegable hegemonía del capitalismo (o neoliberalismo, en sus distintas vertientes), tras la debacle del modelo de centralización socialista en la última década del siglo XX, ha reafirmado la prevalencia del esquema corporativo transnacional, fuertemente dependiente de los consabidos modelos de distribución, promoción y mercadeo, y los cuales, a su vez, han encontrado en los modernos canales mediáticos y tecnológicos su más eficiente aliado.

Periódicos y revistas (en su mayoría digitalizados a través de páginas cibernéticas); el cine, radio y televisión (también digitalizados y satelitales); la red de internet con su infinito menú de temas e intereses, buscadores, páginas y "blogs"; así como las redes de interacción social —todo ello concentrado y sintetizado en un accesorio electrónico personal, sea en la forma de un teléfono "inteligente", una "tableta" electrónica, o un reloj pulsera multimedios— hacen de cada individuo un "punto de venta" único, seriado, clasificado, analizado, y —por qué no decirlo— controlado.

No hace falta estar parado en medio de Time Square para recibir, en cualquier parte del mundo y con la misma o mayor intensidad, nuestra dosis predeterminada de "información", el sentido de urgencia consumista ante el nuevo y más llamativo producto, o la visión de mundo sanitizada y homogenizada que más conviene a los círculos de poder prevalecientes.

No obstante, la génesis histórica de la actual sociedad "mediática" tiene sus raíces en desarrollos tecnológicos mucho más lejanos y anteriores a la llamada era de la informática de finales de siglo XX. Dichos antecedentes tecnológicos, paulatinamente, fueron modificando no solo la experiencia, sino más aún las mentalidades de las sociedades modernas con respecto a los procesos de generación, distribución y consumo de información en sus distintas vertientes, sean éstas textuales, visuales e incluso auditivas.

Fotografía, fonografía y cinematografía

El desarrollo de la invención fotográfica (ca. 1839) constituyó sin dudas uno de los mayores puntos de inflexión en la evolución de los procesos de reproducción[i] y difusión de información, en este caso visual.

De la misma forma en que la invención de la imprenta de tipos movibles a mediados del siglo XV representó una nueva era en la difusión del conocimiento a través del texto escrito, la fotografía estableció un nuevo paradigma en la reproducción y difusión de la información visual, una "democratización" del *texto iconográfico*, reservado hasta ese momento a un reducido número de privilegiados y limitado a la reproducción artística de paisajes y retratos de la nobleza, el clero y la nueva burguesía.[ii]

No abundaremos aquí en el intenso debate —aún vigente— entre los correspondientes defensores o detractores de la fotografía y la pintura, ni mucho menos en las diversas formas en que el medio fotográfico ha venido a impactar las mentalidades y nociones modernas referentes a la objetividad, documentación, registro, interpretación e impacto cultural de las imágenes visuales.

Para ello remitimos al lector a la extensa bibliografía existente sobre este tema, y de la cual proveemos algunas referencias más adelante. Baste dejar establecida la aportación crítica y medular de la fotografía en el desarrollo de esa nueva visión de mundo, este nuevo paradigma en el cual la percepción visual se constituirá en uno de los constructos indispensables del ser humano en la recepción e interpretación de su entorno físico y social.

De forma muy similar a la invención fotográfica de mediados de siglo, hacia fines del período decimonónico otra invención vino a representar un nuevo punto de inflexión en la manera de reproducir, diseminar y percibir información: la grabación y reproducción del sonido.

Tomando como base los desarrollos de Alexander Graham Bell en el nuevo campo de la trasmisión de sonidos a distancia (telefonía, ca. 1876), así como su propia experiencia en la industria de telegrafía, hacia 1877 Thomas A. Edison desarrolló un primer artefacto capaz de grabar y reproducir la voz humana.[iii]

Aunque en su origen Edison no adscribió mucha importancia a su *"fonógrafo"*, al percatarse de la rápida aparición de imitadores y empresas interesadas, de inmediato se dio a la tarea de perfeccionar el mismo, iniciando toda una nueva industria cuyas repercusiones económicas y culturales continúan impactando la sociedad moderna.

IZQUIERDA: Thomas Edison junto a su segundo prototipo de fonógrafo (fotografiado por Mathew Brady, 1878). **DERECHA:** Modelo comercial del "Edison Home Phonograph"

La primera grabación de un sonido inteligible en el fonógrafo de cilindros de Edison fue la canción infantil *"Mary had a little lamb"* (1877). El impacto cultural y social de la nueva invención fue inmediato. Aunque en principio se intentó vender el nuevo aparato para aplicaciones puramente comerciales (especialmente para uso de taquígrafos), muy pronto se hizo claro el mayor potencial económico de la invención en el campo del entretenimiento.

La compañía Pacific Phonograph Co. estableció varios fonógrafos operados por tragamonedas en algunas ferias y establecimientos comerciales, probando ser un éxito rotundo con el público. Aunque solo podían reproducir una sola canción por moneda, estas primeras máquinas públicas dieron impulso a la creación de la industria de grabaciones musicales.

Por un tiempo los "cilindros" más vendidos se limitaban a sermones, discursos políticos y otros tipos de grabaciones de la voz humana; no obstante, ya entrado el nuevo siglo las grabaciones de marchas (John Philip Sousa), bailes (*ragtime, fox-trot, two-step*) y distintos géneros de música popular tomaron el lugar de preferencia en la demanda de una nueva clase media que emergía al cierre del siglo como secuela de la revolución industrial, la expansión territorial y la nueva posición hegemónica de los Estados Unidos en el hemisferio.[iv]

Hacia 1900 Emile Berliner desarrolló el formato de grabación sobre discos planos de plástico (que prevalecerá con distintas innovaciones hasta finales de siglo XX), los cuales desplazaron los antiguos cilindros de Edison, dando paso al crecimiento y diversificación de la industria de grabación musical.

En 1901 Berliner estableció la *Victor Talking Machine Co.*, la cual se constituyó rápidamente en líder del mercado, siendo más tarde adquirida por la Radio Corporation of

America (RCA), denominándose la RCA-Victor. Entre 1900 y 1920 se habían establecido en los Estados Unidos alrededor de 240 compañías fabricantes de fonógrafos, muchas de las cuales también producían y mercadeaban discos fonográficos. Entre ellas sobresalen la Columbia, Victor (RCA-Victor), Brunswick, y Pathé.[v]

El crecimiento, diversificación y competencia dentro de la industria llevó al desarrollo de modelos de fonógrafos más baratos y de mejor calidad, convirtiéndose rápidamente en uno de los productos o mercancías básicas ("commodity") dentro de todo hogar típico de clase media. Tal y como ocurrió con el texto escrito tras la invención de la imprenta, o con las imágenes visuales con la fotografía, debido a que ahora la música estaba disponible prácticamente en cualquier lugar y en cualquier momento, se desarrolló un fenómeno o experiencia social novel, en el sentido de que grandes masas poblacionales comenzaron a estar expuestas a una mayor amplitud de tipos de música —no solo local, sino de otros países.

Al igual que la imprenta, el telégrafo, el teléfono y la fotografía; el fonógrafo representó un proceso de acortar distancias, de ampliar accesos, de "democratización", de reproducción y difusión de conocimiento —una nueva percepción del mundo—, no ya a través del texto o la imagen, sino del sonido.

Claro está, al igual que en el caso de todas esas invenciones que le antecedieron, dicha percepción de mundo a través del medio auditivo estará mediatizada culturalmente, en función de las diversas instancias en que el artefacto y proceso mecánico sean intervenidos por un agente cultural, sea éste el autor de una letra, el compositor de una melodía, el artista o artistas que la interpretan, el productor o ente comercial que la distribuye.

Hacia la segunda década del siglo XX, la conjunción de la tecnología de grabación sonora y la tecnología de la imagen fotográfica en movimiento dieron origen a otra industria de gran impacto cultural: la industria cinematográfica. Aunque generalmente se adscribe el desarrollo del cinematógrafo a los trabajos de los hermanos Lumiere en Francia, como tantas otras innovaciones tecnológicas (como ya hemos visto respecto a la fotografía o el fonógrafo), este avance vino a ser resultado de siglos de experimentación, particularmente en los campos de la fisiología ocular, la visión y los estudios ópticos.[vi]

Desde la antigua noción de la *"cámara oscura"* (cuyos principios eran ya conocidos desde el siglo IV a.c., tanto por filósofos chinos como griegos) y la proyección de imágenes a través de la *"lámpara mágica"* de positivos en cristal ("magic lantern"), pasando por la estereoscopía (Charles Wheatstone; David Brewster, ca. 1850), el desarrollo mismo de la fotografía (Niépce; Daguerre; Talbot, ca. 1850), la cronofotografía (que llevó a la fotografía en movimiento), y la infinidad de aparatos y juguetes ópticos tales como el caleidoscopio, el taumatropo, el zoótropo, el praxinoscopio, y el kinetoscopio de Edison —son innumerables las instancias y campos que aportaron al desarrollo de la experiencia de ilusión que representa el cinema dentro del entramado mediático-cultural contemporáneo.

La adición de la "banda sonora", es decir, la inserción del sonido sincronizado con la imagen visual en la cinta cinematográfica fue la innovación climática que llevó a la apoteosis de la industria del cine hacia el primer tercio del siglo XX.[vii]

Juguetes fonográficos en la era pre-cinema (1900-1925)

Previo a ese momento de conjunción tecnológica (fotografía-sonido-cinema), existe un breve período intermedio de transición, en el cual el fonógrafo desempeñó un papel social importante, constituyéndose en centro de entretenimiento principal público y familiar.

Dicha experiencia de entretenimiento no se limitó al disfrute de grabaciones sonoras, musicales o de otros géneros, sino que, como veremos, se desarrolló una peculiar conjunción de experiencias auditivas y visuales a través de la integración y adaptación de juguetes ópticos y mecánicos (autómatas) al aparato fonográfico.

La evolución de los llamados *"juguetes fonográficos"* (el término en inglés es "phonotoys"), va desde la adaptación de antiguos juguetes ópticos manuales (tales como el zoótropo o el praxinoscopio), hasta el desarrollo de diversas figuras mecánicas, cuyos movimientos eran accionados por el propio mecanismo interno del fonógrafo.

El GRAMOPHONE-CINEMA o *kinephone* (ca. 1920), manufacturado y distribuido por la compañía inglesa Reid & Co., es una variante de zoótropo adaptado para uso en un fonógrafo. El mismo provee cinco (5) discos de cartón blanco con dibujos en serie los cuales se colocan sobre el plato del fonógrafo. Sobre éstos se coloca un carrete de ruedas y una base redonda con las aperturas correspondientes, a través de las cuales el espectador puede visualizar la ilusión de movimiento perpetuo de las figuras utilizando el movimiento giratorio del fonógrafo (colección del autor).

Esta combinación particular de medios auditivos y visuales —integrados en un aparato de uso familiar y cotidiano como el fonógrafo— significó una nueva experiencia social cuyos efectos no se limitan al entretenimiento pasajero, sino que aportan al desarrollo gradual de una mentalidad mediática nueva, una que fue adaptando y modificando la percepción de la languideciente sociedad victoriana, hacia los albores del naciente medio cinematográfico.

El investigador Jacob Smith (2012), establece la importancia de analizar con mayor profundidad el impacto y aportación de los juguetes fonográficos, tanto en el desarrollo de una cultura visual pre-cinema en específico, como en los procesos más amplios de alteridad y representación respecto a raza y género.[viii]

Smith postula que, contrario a la noción generalizada de que las caricaturas animadas sonoras fueron el único predecesor tecnológico del cinema, los juguetes fonográficos constituyen un precedente sumamente importante, cuya aportación a estos desarrollos ha sido poco reconocida y hasta obviada.

En su estudio Smith evidencia como varios juguetes fonográficos ópticos, muy en particular el llamado *"phonoreel"* titulado *"Dancing Bear"* (1922), antecede por varios años las primeras caricaturas sonoras de Max Fleischer, consideradas por los expertos como los únicos antecedentes inmediatos del cine sonoro.[ix]

Más allá de la adaptación de juguetes ópticos, entre 1915 al 1925 aproximadamente, varias compañías desarrollaron toda una serie de juguetes fonográficos dirigidos al mismo mercado consumidor, compuesto principalmente por familias de clases media y alta, así como clientes comerciales.

Un estudio detallado de estos juguetes, considerando en conjunto sus características físicas, su propaganda comercial, e incluso la música asociada a éstos, provee información valiosa que apunta a complejos procesos de representación, los cuales como veremos no tan solo se limitan a los aspectos de prejuicios de raza o género, según correctamente apunta Smith, sino también a procesos de alteridad que incluso proyectaban y reforzaban las narrativas oficialistas respecto a diversos eventos históricos o procesos geopolíticos del momento.

Previo a nuestro análisis, es importante establecer como punto de partida la naturaleza del juguete como artefacto cultural. Aunque parecería claro el papel de los juegos infantiles en el proceso de socialización, posiblemente por ser considerados de forma simplista y limitarnos a su aspecto lúdico, persiste la noción errada de adscribir muy poca o ninguna importancia al rol cultural de los juguetes.

Afortunadamente, existen diversos trabajos de investigación en torno a este tema, los cuales arrojan luz, no solo sobre la importancia genérica de los juegos infantiles y los juguetes como procesos y artefactos culturales, sino que más aún identifican ejemplos concretos del impacto de éstos sobre los valores y actitudes dentro del grupo social, así como en la interacción con otros grupos culturales.

En un importante estudio sobre este tema, Pamela B. Nelson (1990) establece:

> *Toys, like other artifacts of material culture, can tell us a great deal about changing* **cultural attitudes and values***, and about the* **exercise of power** *in society. Mass-produced toys are specially revealing because their designers, concerned with marketability, intentionally try to appeal to* **dominant attitudes and values***. Since the toys reflect the attitudes of the dominant group, they have helped legitimate the ideas, values, and experiences of that group, while discrediting the ideas, values, and experiences of* **others***, helping the favored group define itself as* **superior** *and justify its* **dominance***.*
> (énfasis nuestro) [x]

En su estudio Nelson analiza, a través de ejemplos concretos, la forma en que diversos grupos culturales minoritarios (afroamericanos, chinos, irlandeses, italianos, árabes) han sido objetos de discriminación, prejuicios y representaciones estereotipadas dentro de la sociedad norteamericana, por medio de juguetes fabricados y distribuidos en forma masiva desde inicios de la expansión industrial y económica de fines de siglo XIX.

Los afroamericanos como objeto de burla y diversión, los chinos maliciosos y traicioneros, los irlandeses ignorantes, los judíos avaros; entre muchos otros, son valores y actitudes generalizadas de las clases dominantes que se reflejan y trasmiten de forma muy explícita en decenas de juguetes de principios de siglo XX.

Nelson brinda particular atención en su estudio al impacto que representó en dicho período la aparición y popularidad de los denominados *"juguetes mecánicos"*; esto es, aquellos que requerían la participación del niño o usuario, ya fuese a través de accionar algún mecanismo de cuerda u otra acción mecánica, lo cual resultaba en una ilusión de movimiento perpetuo del artefacto.

Dicha acción mecánica, casi autómata, en conjunto con la participación más activa del usuario, representó una innovación que abonó significativamente a que dichos "insultos étnicos" —citando a la autora— fuesen cada vez más atrayentes y aceptables.[xi]

Los juguetes fonográficos caen bajo esta categoría de juguetes mecánicos, ya que consistían en artefactos cuyo movimiento era accionado por medio del propio movimiento giratorio del fonógrafo.

No obstante, al igual que Jacob Smith, postulamos que, aunque fuese por un período relativamente breve (entre 1910 al 1925, aproximadamente), el impacto cultural de éstos fue mucho mayor en comparación con otros juguetes convencionales, dado al fenómeno *sui generis* de combinar, en una misma experiencia, la estimulación visual, mecánica y auditiva.

En un período que precedió por pocos años el nacimiento de la experiencia cinemática; los juguetes accionados por fonógrafos —en conjunto con las primeras grabaciones musicales— aportaron significativamente, no solo al desarrollo de la incipiente sociedad del espectáculo, sino que en el proceso reforzaron esquemas valorativos y actitudes afines a las clases dominantes.

Uno de los primeros y más impactantes ejemplos es la muñeca mecánica llamada *"SIAM SOO"* (ca. 1917), manufacturada por la compañía de juguetes **Morton E. Converse & Son**, de Winchendon, Massachusetts, y distribuida por la Columbia Graphophone Co.

Siam Soo es considerada posiblemente como el más raro y complejo juguete fonográfico jamás diseñado. También es un perfecto ejemplo de los procesos de prejuicio y alteridad estereotipada ya mencionados.

En *Siam Soo* vemos un intrincado conjunto de elementos visuales, textuales y auditivos, perfectamente estructurados y mercadeados para lograr un claro efecto de fascinación cuyo objetivo, como transluce con bastante claridad, estaba dirigido más allá del mercado puramente infantil (enlace: https://www.youtube.com/watch?v=G1iY_ZZZ6CI).

 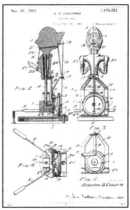

IZQUIERDA: Muñeca fonográfica SIAM SOO (Morton E. Converse & Son, ca. 1917). **DERECHA:** Mecanismo interno de Siam Soo (solicitud de patente fechada en 1923).

Siam Soo consiste en una especie de marioneta de madera diseñada para representar una bailarina de la corte del rey de Siam (hoy Tailandia). La muñeca es colocada justo al centro del fonógrafo. Bajo su falda esconde un mecanismo el cual es accionado por el movimiento giratorio del fonógrafo, produciendo un movimiento sincopado y polirítmico, el cual está supuesto a imitar el baile típico siamés.

El origen, creación y mercadeo de *Siam Soo* es muy interesante, ya que está claramente insertado en la gran infusión y prevalencia de la tendencia orientalista que influenció a la sociedad norteamericana desde finales de siglo XIX hasta bien entradas las primeras décadas del siglo XX.

En su seminal trabajo sobre este tema, Edward Said (1978) diseca los orígenes, manifestaciones y formas en que el orientalismo ha influenciado y más aún determinado la percepción que sobre dichas sociedades aún prevalecen en las sociedades occidentales o euroamericanas. Said establece:

> *Orientalism can be discussed and analyzed as the corporate institution for dealing with the Orient —dealing with it by making statements about it, authorizing views about it, describing it, settling it, ruling over it: in short, Orientalism as a Western style for dominating, restructuring, and having authority over the Orient.*[xii]

En su estudio, Said identifica varias acepciones definitorias y descriptivas del paradigma orientalista. Más allá de la clásica definición como campo académico o erudito (representado a través de los eminentes departamentos de estudios "orientales" o las llamadas "antiquities" que afloraron —y aún sobreviven— en la mayoría de las universidades europeas), el orientalismo toma una presencia mucho más subyacente e influyente en el pensamiento eurocéntrico, en la forma del estereotipo, de los prejuicios, de las ideas e imágenes predefinidas sobre lo que se supone define lo "oriental", esto es, los procesos de alteridad o representación del otro:

> …Orientalism…whose dimensions take in such disparate realms as the imagination itself…a complex array of "oriental" ideas (Oriental despotism, Oriental splendor, cruelty, sensuality) …[xiii]

> …Orientalism as a body of ideas, beliefs, clichés, or learning about the east…the distillation of essential ideas about the Orient —its sensuality, its tendency to despotism, its aberrant mentality, its habits of inaccuracy, its backwardness…[xiv]

Aún hoy en día, cuando el "occidental" piensa en aquello que es "oriental", su mente se remite a nociones de misticismo, misterio, sensualidad, erotismo; una mezcla de esplendor, riquezas y atraso, más que material, moral.

Aunque el "orientalismo", como complejo proceso de alteridad respecto a las sociedades afroasiáticas, es un fenómeno multi-centenario cuyos orígenes remontan desde la época de la ilustración (finales de siglo XVIII), en el caso de la sociedad norteamericana en particular tuvo su apogeo a partir de finales del siglo XIX.

Naomi Rosenblatt (2009) analiza el desarrollo del orientalismo y su influencia en múltiples aspectos de la cultura norteamericana, desde finales del siglo XIX hasta el presente.[xv] Rosenblatt establece que los inicios de la influencia orientalista en los Estados Unidos (EE. UU.) se identifica con mayor fuerza y de forma muy patente a partir de las grandes ferias o exposiciones de finales de siglo e inicios de siglo XX.[xvi]

Como secuela e influencia de los recuentos de viajeros y las nociones judeocristianas imbuidas en la sociedad Victoriana, gradualmente se desarrolló una correlación de "lo oriental" con conceptos de romanticismo, misterio y barbarie. Coincidiendo con el surgimiento de la nueva clase media consumista, el interés y curiosidad llevó al rápido desarrollo de una *estética oriental* —unos patrones o cánones relativos a lo oriental, los cuales permearon todos los ámbitos sociales, incluyendo la arquitectura, la vestimenta, la pintura, la música, y que incluso influenciaron de forma decisiva la temática fílmica en la etapa inicial de la industria cinematográfica.[xvii]

Siam Soo ejemplifica a cabalidad los rasgos esenciales de la estética orientalista de este período, sobre todo aquellos relativos al misterio, la sensualidad y el erotismo adscrito al género femenino oriental. Como bien indica Said; el orientalismo es en esencia un ámbito de dominio masculino, en el cual la mujer se concibe como una *"criatura de fantasía y poder"*, de *"sensualidad ilimitada, más o menos estúpida y siempre deseosa"* (traducción nuestra).[xviii]

Rosenblatt amplia este aspecto en su estudio del impacto de las exhibiciones orientalistas de las ferias de fines y principio de siglo sobre la sociedad Victoriana: *"In the public imagination, the Orient became linked with the sexualized belly dancers, luxurious temples and obelisks…"*.[xix]

Más allá del obvio aspecto físico, en el cual se personifica una bailarina siamesa, *Siam Soo* está complementada por todo un andamiaje textual, una narrativa sobre su origen que nos remite a una fantasía muy elaborada sobre la corte del rey de Siam, su harem (concepto de origen árabe, aquí aplicado arbitrariamente) y los efectos sensuales y eróticos que dicha bailarina causaba en todos los que la observaban.

Dicho texto se encontraba impreso en la caja de cartón que servía de empaque para el juguete. Para legitimar la veracidad del relato, así como la supuesta corrección y verosimilitud de la muñeca con respecto a su referente original, el empaque incluye el siguiente narrativo:

An American traveler in Siam visited the King's Harem and was attracted by the unusual motions of the King's dancers. A model was made by a Siamese toy maker and adapted by Morton E. Converse & Son Company to play on the Columbia Grafonola —or any other disc phonograph.

The dancers in the King's Harem have their necks gilded to indicate royalty and their faces are covered with heavy paste to conceal any facial emotions, thus depending solely on the motions of the dance.

Siam Soo is true to all these details and the motion of her dancing is strikingly similar to that of the Royal Siamese Dancers in the King's Harem.

Esta última línea establece el elemento más importante y crítico en el impacto experiencial de *Siam Soo*; esto es, su adscrita capacidad de reproducir con fidelidad los movimientos de las bailarinas de la corte siamesa.

Es innegable que los creadores de Siam Soo capitalizaron en el aspecto sensual y erótico de dichos movimientos. La frase publicitaria (slogan) que identifica la muñeca en el empaque establece, de forma exclamativa: *"Siam Soo. She Puts the Oh – Oh in Graf-o-nola"*.

Es interesante observar que, en la tipografía del empaque, todas las letras *O* en dicha frase están dibujadas como caras sonrientes, reforzando el efecto sensorial y lúdico del baile sobre el espectador.

SIAM SOO
She puts the O-O in Graf-o-nola

Como hemos indicado, *Siam Soo* es sin dudas el más raro y complejo juguete diseñado para su uso en el fonógrafo. De hecho, *Siam Soo* presenta un nivel de sofisticación adicional único que no comparte con ningún otro juguete fonográfico, ya que como parte de la estrategia publicitaria y de mercadeo.

La Columbia Graphophone Co., incluyó una extensa lista de grabaciones fonográficas, claramente identificadas como de corte "oriental", y las cuales se ofrecían a la venta para complementar el baile de la muñeca.

Dependiendo el modelo de la muñeca,[xx] el empaque incluía una lista de entre 28 a 36 títulos de canciones de temas especialmente escogidos para este propósito. Según expone Ulises Beato, la mayoría de dichas selecciones combinaban el emergente género del jazz con un claro énfasis en el estilo oriental.[xxi]

Este elaborado esquema combinado de mercadeo tuvo su culminación en 1921, cuando la Columbia lanzó un disco exclusivamente diseñado para *Siam Soo*, conteniendo en su lado A la canción homónima, escrita por Sidney F. Lazarus, con música de Otto Motzan y M.K. Jerome, e interpretada por el conjunto The Happy Six.

Un análisis de la letra de *Siam Soo* evidencia de inmediato los elementos tradicionales del discurso orientalista estereotipado, realzando claramente diversas instancias en que se enfatizan los elementos de misterio, erotismo, sensualidad, sexismo y poder, desde el punto de vista masculino. La canción consta de ocho (8) estrofas, de las cuáles reproducimos algunas a continuación:

SIAM SOO

In Siam, **where strange things they do,**

there lived a girl named Siam Soo,

Who **shooked a wicked shoulder** when she danced.

She had the **cutest jiggle,**

and when she'd start to wiggle,

She'd put the men around her in a trance.

Siam Soo, Siam Soo, **she makes the men**

so nervous it's a shame.

She kept four Kings in waiting,

While she was syncopating.

She was so fascinating that the men

where not to blame.

She was full of vim and vigor,

And goodness, **what a figure,**

Men looked at her and then forgot to eat.

With **a strange Egyptian shiver**,

She would make each muscle quiver.

Siam Soo, **you're an Oriental treat.**

(énfasis nuestro) [xxii]

La combinación sumamente estructurada de los elementos físicos (movimiento polirítmico), visuales (fisionomía, vestimenta, colores) y auditivos (ritmo de fox-trot, letra de narrativa fantasiosa e insinuaciones sensualistas), hacen de *Siam Soo* uno de los mejores y más sofisticados ejemplos del impacto cultural de los juguetes mecánicos fonográficos en la perpetuación y difusión de estereotipos y discursos de alteridad, en este caso, dentro de las corrientes del orientalismo que caracterizó la sociedad norteamericana a inicios del siglo XX.[xxiii]

Mientras en Siam Soo encontramos un sofisticado entre juego, casi subliminal, de insinuaciones y estereotipos velados, otros juguetes fonográficos —al igual que la generalidad de los juguetes convencionales de la época— proyectan prejuicios y estereotipos de forma mucho más directa, principalmente dirigidos a las minorías afroamericanas.

En esta dirección, una de las principales compañías manufactureras de juguetes fonográficos fue la **National**

Toy Company, establecida en Boston, Massachussets. Esta empresa fue fundada entre 1910 al 1914, originalmente bajo el nombre de National Company, por tres ingenieros que laboraban en la naciente industria de generación eléctrica.

Warren Hopkins, Rosewell Douglas y Walter Balke trabajaban para la compañía Stone and Webster Co., empresa dedicada a la construcción de plantas generadoras de electricidad. Estos se independizaron y establecieron su compañía, dedicada a suplir transformadores y otros equipos para la nueva industria de electrificación.

No obstante, en un período de inactividad y baja en los pedidos, los socios decidieron diversificar la empresa, adaptando sus equipos y líneas de producción para la fabricación de otros productos que tuviesen demanda. Es aquí donde identifican el mercado de los juguetes, generando toda una exitosa línea de juguetes mecánicos, adaptados para su uso con otro producto de creciente demanda y popularidad: el fonógrafo.

En octubre de 1914 reincorporaron la compañía bajo el nombre de la National Toy Company. Su primer juguete fonográfico fue *"RAGTIME RASTUS"* (ca. 1915).

Rastus consistía en una marioneta de madera de un personaje negro, la cual se colocaba en una plataforma sobre el fonógrafo.

La parte inferior de la plataforma contaba con un mecanismo el cual era accionado por el movimiento giratorio del plato, lo cual tenía el efecto de hacer saltar la marioneta por medio de un alambre en su parte inferior. La acción de saltos rítmicos, unida a la música del fonógrafo, daba la impresión de que el muñeco bailaba al compás de este.

Rastus fue un rotundo éxito, dando paso a toda una serie de variaciones temáticas haciendo uso del mismo mecanismo.

Los juguetes eran distribuidos por establecimientos comerciales tales como F.A.O. Schwarz, Woolworth, Jordan Marsh, Gimbels, y en especial a través de las tiendas distribuidoras de fonógrafos, tales como las de la Victor Talking Machines y la Columbia Graphophone Co., principales líderes en este mercado.

Tan solo entre enero y junio de 1916, la National Toy vendió unos 8,800 de estos juguetes, y planificaba producir otras 16,000 unidades para el resto del año.[xxiv]

"Ragtime Rastus", National Toy Co. (ca. 1915)

Anuncio de *"Ragtime Rastus"* en el catálogo de la Sears Roebuck and Co. (ca. 1917)

Ragtime Rastus es sin dudas, no solamente el juguete fonográfico de mayor éxito y popularidad del período (entre 1915 al 1925 aproximadamente), sino también el más claro ejemplo de prejuicio y patente racismo entre todos los juguetes de su tipo.

Al igual que muchos otros juguetes de corte racista de la época —y contrario al caso de *Siam Soo*— estos prejuicios no son velados o disimulados.[xxv] El propio nombre

"Rastus" es una expresión racista y peyorativa, aplicada a hombres negros, cuyo origen remonta hacia el 1880.

El nombre "Rastus" designa al estereotipo peyorativo del "negro feliz"; aquel personaje que con el tiempo vino a popularizarse como objeto de burla en las rutinas de vaudeville conocidas como *"black minstrels"* o *"coons"*. En estos espectáculos, hombres blancos se pintaban el rostro de negro y parodiaban en tono burlón y ofensivo los ademanes, gestos y expresiones verbales de los negros.[xxvi]

Un anuncio del catálogo de Sears Roebuck (ca. 1917), comunica de forma muy natural este tipo de expresiones racistas y el estereotipo del "negro cómico", aceptado como normal en las clases medias norteamericanas de principio de siglo: *Here are some comedy artists worth watching...* **Ragtime Rastus** *—One of the funniest dancing figures ever made. Rastus is the original ragtime* **coon**... (énfasis nuestro).

Anuncio de la National Toy Co. publicado en el catálogo de Sears
Roebuck and Co. (ca. 1917)

Todavía a la altura de 1922, en un pequeño folleto
promocional incluido en el empaque de otro de sus
juguetes fonográficos ("The Magnetic Dancers"),
"Ragtime Rastus" era promocionado en conexión con la
cultura de la plantación esclavista y como fiel reflejo del
"black minstrel": *"Ragtime Rastus" is an automatic* **dancing
darky** *who faithfully imitates* **the old time plantation
dancer**" (énfasis nuestro). (Enlace:
https://www.youtube.com/watch?v=Vlid6MHVNvA).

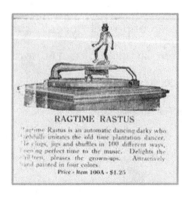

Rastus era mercadeado de forma individual a un costo de $1.25, o en combinación con otras figuras a un costo de $1.75, las cuales se usaban con la misma plataforma accionada por el fonógrafo. La más popular de estas combinaciones o juguetes complementarios era una pareja de boxeadores negros, distribuidos bajo el nombre de **"Boxing Darkies"** (véase anuncio de Sears Roebuck).

Además de este nombre peyorativo, al igual que Rastus la pareja de boxeadores tenían sus rostros pintados para exagerar los gestos típicamente asociados al *"dancing coon"*; gruesos labios rojos, gran sonrisa blanca en contraste con la piel negra y grandes ojos saltones (enlace: https://www.youtube.com/watch?v=TCGov3hJulM).

IZQUIERDA: *"Boxing Darkies"*, National Toy Co. (ca. 1915). **DERECHA:** Anuncio de los *"Boxing Darkies"*, catálogo de Sears Roebuck (ca. 1917).

Posiblemente en respuesta al éxito de la muñeca *Siam Soo*, la National Toy Co., produjo a *"Shimandy"*, una especie de complemento femenino a *Rastus*. El nombre deriva del térmno "shimming" o "shimmer", relativo al temblor, movimiento o vibración rítmica de la muñeca al bailar.

Shimandy continua la línea estereotipada y racista de *Rastus*, buscando capitalizar el elemento de comicidad en la figura de una mujer negra, que salta al son de la música, ataviada de un traje colorido.

En el mismo folleto de 1922, *Shimandy* se presenta como la *"hermana"* de *Rastus;* y más allá del elemento racial y de comicidad, la descripción resalta un elemento de sensualidad y erotismo: *"She successfully portrays **the colored belle in her most ecstatic moment**. Her dance is entirely different from Rastus. She is delightfully humorous and pleasing to everyone"* (énfasis nuestro).

La alusión sexista va más allá de ser una generalizada, sino que está implícito un atributo o particularidad de "éxtasis" sensual de la "bella de color". Nuevamente, un artefacto de cotidianidad, cuyo objetivo explícito se justifica en la diversión y entretenimiento, se convierte en un canal de difusión de prejuicios y narrativas de alteridad, que van desde un racismo peyorativo explícito, hasta insinuaciones de género ya más veladas.

IZQUIERDA: *"Shimandy",* National Toy Co. (ca. 1920).
DERECHA: Descripción de Shimandy en folleto de 1922
(colección del autor)

Además de su línea principal de juguetes fonográficos de corte claramente racista (*Rastus, Shimandy, Boxing Darkies*), la National Toy Company también desarrolló varios juguetes similares para su uso en el fonógrafo, en los cuales capitalizaron el interés sensacionalista que permeaba en grandes sectores de la sociedad norteamericana relativos a diversos acontecimientos noticiosos.

En contraste con el prejuicio racista directo, en estos juguetes encontramos un nivel mucho más sutil de alteridad; unos procesos de connotación y representación del otro; en estos casos, respecto a grupos culturales externos considerados enemigos de los intereses de la sociedad norteamericana en general, o de sus élites de poder.

Con la entrada directa de los EE. UU. en la Primera Guerra Mundial en 1917, a través de toda la nación se desató una ola de prejuicio y hostilidad en contra de la creciente población de inmigrantes de origen alemán.[xxvii]

Al igual que en otros momentos históricos similares, la opinión pública —movida por la propaganda— se volcó en contra de todo aquello que se pudiese identificar como enemigo de la nación.

El blanco principal de esta hostilidad lo fue el Kaiser Willhelm II, último emperador de Alemania (1879-1942), el cual personificaba todos los valores negativos que se adscribían a los alemanes, sobre todo los atributos de violencia, crueldad y ambición desmedida.

Nuevamente, la prensa norteamericana no perdió tiempo en reforzar la animosidad del pueblo estadounidense en contra del Kaiser, desarrollando innumerables editoriales y caricaturas peyorativas del líder alemán.

El Kaiser alemán, Wilhelm II. Varios ejemplos de las muchas caricaturas satíricas de la prensa norteamericana durante los años de la primera Guerra Mundial.

El Kaiser alemán, Wilhelm II. Varios ejemplos de las muchas caricaturas satíricas de la prensa norteamericana durante los años de la primera Guerra Mundial.

Por lo general, las caricaturas satíricas del Kaiser lo representaban siendo apresado, sojuzgado o incluso siendo objeto de violencia física (golpeado, pateado, ahorcado) por parte del *"Tío Sam"*, ícono representativo de los valores patrióticos norteamericanos.[xxviii]

La National Toy Company capitalizó en este sentimiento "anti-Kaiser" generalizado, y mercadeó con mucho éxito un juguete fonográfico en la forma de la figura del emperador alemán siendo perseguido y pateado por el Tío Sam.

El diseño presenta varios detalles importantes que abonan al efecto satírico y a la proyección de superioridad del Tío Sam (los EE. UU.) sobre el Kaiser (Alemania). La figura del Kaiser es mucho más pequeña, se presenta a un nivel más bajo e inclinada hacia el frente, en perfecta posición para ser pateado en el trasero. Al accionarse el movimiento en la plataforma sobre el fonógrafo se recrea una escena del Kaiser huyendo, siendo perseguido y pateado por el Tío Sam.

El juguete se mercadeaba bajo los nombres de *"Uncle Sam and Kaiser Bill"* o *"Uncle Sam kicks the Kaiser"*. Accionado en conjunto con discos de marchas militares y canciones patrióticas, este juguete lograba cabalmente un doble efecto de divertir, a la vez que exacerbaba los sentimientos nacionalistas y reforzaba el mensaje de alteridad y superioridad del pueblo estadounidense (enlace: https://www.youtube.com/watch?v=7nMF4oY1Kss).

IZQUIERDA: *"Uncle Sam and Kaiser Bill"*, National Toy Co. (ca. 1917). **DERECHA:** Anuncio en el catálogo de Sears Roebuck (1917)

El mismo mecanismo y diseño de *"Uncle Sam/Kaiser Bill"* fue utilizado por la National Toy Company para mercadear un juguete similar, aprovechando otra instancia de sensacionalismo y fervor nacionalista sobre eventos y personajes mucho más cercanos a sus fronteras.

En 1916, el líder revolucionario mexicano Francisco "Pancho" Villa cruzó la frontera suroeste de los EE. UU., atacando varias poblaciones, y en particular haciendo grandes estragos al poblado de Columbus, Nuevo México. Al igual que el caso del Kaiser de Alemania, la prensa del país se dio a la tarea de diseminar editoriales y partes noticiosos de corte claramente sensacionalistas, los cuales no solo estaban dirigidos a demonizar la figura de Villa, sino que de paso proyectaban múltiples mensajes negativos respecto al pueblo mexicano, su cultura y características.

La figura de Pancho Villa vino a convertirse en ícono representativo del mexicano sanguinario, primitivo y, sobre todo, traicionero. Las caricaturas de la época nuevamente establecen de forma exagerada éstas y otras caracterizaciones negativas.

Francisco "Pancho" Villa (1878-1923). Sus incursiones en la frontera suroeste de los EE. UU. provocaron una oleada de opinión pública negativa, estimulada por editoriales y caricaturas sensacionalistas que caracterizaban lo mejicano como cruel, sanguinario y traicionero.

"Uncle Sam kicks the Mexican." National Toy Co. (ca. 1916)

Aprovechando la animosidad generalizada hacia la persona de Villa, así como hacia todo lo mexicano, en 1916 la National Toy Company sacó al mercado a *"Uncle Sam kicks the Mexican"*. Al igual que en el caso del Kaiser, la figura del mexicano es mucho más pequeña que la del Tío Sam, abonando al efecto satírico y a la noción de dominio y superioridad norteamericana.

Para acentuar la representación estereotipada del mexicano sanguinario, la figura lleva puñales en ambas manos, elemento común a muchas de las caricaturas y representaciones gráficas de mexicanos, según presentadas anteriormente.

Aunque no tenemos disponibles datos concretos sobre ventas de los distintos juguetes de la National Toy Company, este juguete es mucho más raro y escaso que el de *"Uncle Sam/Kaiser Bill"*, por lo que posiblemente no tuvo tanta salida ni distribución como éste último.

Debemos pensar que los eventos en la frontera mexicana no tenían tanto impacto nacional como las hostilidades con Alemania y la entrada a la guerra europea. No obstante, aunque fuese por un breve período de tiempo, *"Uncle Sam kicks the Mexican"* abonó a reforzar una percepción muy negativa hacia lo "mexicano" dentro de la sociedad estadounidense de principios de siglo (enlace: https://www.youtube.com/watch?v=ke45QJjFigk).

Conclusión

Un análisis de esta muestra de juguetes fonográficos de principios de siglo XX confirma —parafraseando nuevamente a Pamela B. Nelson— la importancia crítica de considerar los juguetes como artefactos de la cultura material de una sociedad, los cuales pueden ser sumamente reveladores respecto a sus dinámicas actitudinales, sus valores y sus estructuras de poder.[xxix]

Superando las características genéricas de los juguetes "convencionales", los juguetes fonográficos presentan una combinación muy particular de elementos que, más allá de la trasmisión de simples mensajes prejuiciados, abonaron a ir desarrollando una mentalidad o perceptibilidad hacia lo mediático, sirviendo como precursores a una sociedad del espectáculo que encontraría su mayor efervescencia con la aparición posterior del cinema, la radio y la televisión.

La combinación de elementos de participación del usuario por su naturaleza mecánica, la ilusión de realismo (por su naturaleza de movimiento autómata), unido a la sincronización con las grabaciones sonoras fonográficas (en ocasiones con alusiones textuales y sonoras muy estructuradas y directas, como es el caso del despliegue oriental y sensualista de *"Siam Soo"*), hicieron de los juguetes fonográficos un instrumento muy efectivo y poderoso en la modificación y desarrollo de ese nuevo entorno perceptual, con toda su agenda de impactos culturales.

Otro aspecto de suma importancia que debemos considerar es que, tanto por el precio como por la naturaleza claramente sensual y erótica de muchos de estos juguetes, es claro que los mismos no fueron intencionalmente diseñados para, ni eran comprados exclusivamente por niños. Todo lo contrario.

Muñecas sensualistas como *"Siam Soo"* y *"Shimandy"*, o juguetes de claro corte político como *"Uncle Sam"* y el Kaiser o el mexicano (Pancho Villa), estaban pensados para un mercado adulto y masculino, con suficiente capacidad adquisitiva para invertir el equivalente de dos o tres días de salario promedio en estas nuevas amenidades.[xxx]

Coincidimos con Jacob Smith cuando resume la forma en que estos juguetes fonográficos establecían todo un nuevo entorno experiencial: *When experienced in tandem with records such as these* (grabaciones, sonidos, canciones, bailes) *phonotoys created a semiotic admixture of racial caricature, modern musical genres, and automated entertainment...* (notas nuestras)[xxxi].

A través de unos pocos ejemplos hemos constatado la forma en que los juguetes fonográficos contribuyeron a esta "mezcla semiótica" de signos, códigos y mensajes culturales.

Podríamos arriesgarnos y acuñar el término *"iconofonotexto"*, para designar este entramado experiencial, en el cual imagen, movimiento, sonido y texto abonan a la modificación de las concepciones y mentalidades; ya sea a través de un simple juguete mecánico centenario, o del bombardeo constante de mensajes virtuales al que todos estamos sujetos en la mal llamada "nueva" sociedad mediática.

Aquellas primeras noches: El génesis del Cine en Puerto Rico

Por: Gabriel Berdecía Hernández - 2022

El origen de nuestro cine ha estado plagado de lagunas históricas que ameritan una revisión y actualización inmediata. Existe un debate sobre cómo inició todo. Algunos textos mencionan que el cine llegó con los estadounidenses cuando la guerra. Otros lo identifican con la primera película con argumento de Colorado. Pero nuestra realidad es que la historia va más allá.

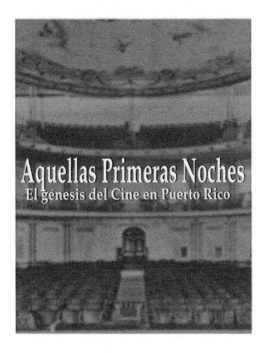

Gracias a las investigaciones de Rose M. Bernier Rodríguez se tiene conocimiento de cuándo y cómo se introdujo el cine en nuestra tierra. Todo inició cuando el domingo 9 de mayo de 1897 se dio la primera proyección cinematográfica en el Teatro Municipal de San Juan. El sr. Luiggi de Pío llegó desde la Habana Cuba con un artefacto de la marca Edison. El periódico La Balanza, 8 de mayo de 1897 anunció:

> *Ha llegado a esta Capital el señor don Luiggi de Pío, director del sorprendente espectáculo que tanto ha llamado la atención en todas partes del mundo en la Habana, conocido con el nombre de CINEMATÓGRAFO. Dicho señor prometió darlo a conocer al público de esta capital a cuyo efecto muy pronto publicará los programas. Al decir la prensa del exterior, el cinematógrafo es una sorprendente novedad digna de admirarse.*

El 9 de mayo de 1897, el periódico La Correspondencia de Puerto Rico, nos anunció la fecha en la que el sr. Pío logró establecerse en el teatro para dar comienzo a la ronda de presentaciones. Cabe mencionar que los periódicos llaman incorrectamente al aparato que trajo Pío. El *cinematógrafo* es el nombre del aparato inventado por los hermanos Lumiere en Francia. Tomas Alba Edison patentó su producto bajo el nombre de *Vitascopio*, aunque, también tenía bajo su sombra el *Projecting Kinetoscope*. Pero no sabemos a ciencia cierta cuál de los dos artefactos fue el utilizado aquellas noches de 1897.

Para esta noche se anuncia la primera exhibición del cinematógrafo que acaba de llegar a esta capital. Será un espectáculo interesante y nuevo para nuestro público. El cinematógrafo es un aparato de óptica que presenta ante el espectador vistas de tamaño natural, con colores y movimiento, representando escenas de la vida real, como bailes, incendios, paseos, reuniones, naufragios, guerras, edificios, calles, ciudades, etc.

Sin detalles del programa de *"vistas"* que se proyectaron en el teatro, el periódico La Correspondencia nos ofrece un leve vistazo de lo que el espectador pudo ver. La llegada del cine dio la oportunidad de ver el mundo desde una nueva perspectiva. La gran mayoría de las *vistas* eran cuadros de paisajes y costumbres de la vida cotidiana en otros países. El mismo periódico publicó una reseña, el lunes 10 de mayo relatando detalles acerca de lo ocurrido la noche anterior.

A las 8 dio principio la exhibición de las vistas de movimiento en el teatro. El efecto de la primera vista fue una explosión de aplausos tan ruidosa y bravos tan repetidos que el público que se encontraba en la plaza Colón no pudo resistir el deseo de entrar y resultó que se llenaron todas las localidades. Es verdaderamente grandioso este invento. El espectador presencia escenas de la vida real, con la misma ilusión que han podido causar en el acto del suceso. Movimientos de Bombas, bomberos, y el pueblo al toque de alarma; se ven a todo correr los caballos que arrastran el carro con las bombas y los bomberos, el espanto del pueblo, la confusión de los transeúntes, el entorpecimiento en la vía pública, los coches que acuden al lugar del suceso, todo del tamaño natural y completamente como si tal cosa pasara en realidad.

Igual resultan las demás vistas; los bañistas en una playa se ven zambullirse, tirarse el agua a la cara, jugar como se acostumbra en los baños, en las playas en Europa; en fin, la verdad copiada, de modo que conservan todos los detalles a excepción del ruido y sonidos. El público aplaudió mucho y de todas las vistas pedía con insistencia dos o tres repeticiones.

En la segunda tanda volvieron a entrar casi todos los de la primera y otros concurrentes atraídos por los elogios que hacían los que habían presenciado el espectáculo. Esta sorprendente novedad permanecerá ocho días entre nosotros dando función todas las noches.

El teatro municipal de San Juan era un lugar cuya agenda estaba muy comprometida con un puñado de actividades sociales. Entre tantos se iba a llevar a cabo el baile de las flores. Las butacas fueron removidas, el piso del teatro fue levantado creando un gran salón de baile. Esto provocó que la cabida del público se limitará para las vistas del cinematógrafo. El sábado 15 de mayo, el periódico La Bandera Española reseñó lo sucedido durante la noche del jueves 13 en donde solo acudieron caballeros al teatro.

El Cinematógrafo

Sigue causando gran admiración este sorprendente espectáculo atrayendo un gentío inmenso al teatro. Anoche jueves fue solo para hombres y estaba lleno el coliseo, como es natural, porque era de suponerse que la velada había de ser alegrita, y así resultó por dentro del mayor orden, oyéndole algunos chistes propios de algunas vistas adecuadas a los espectadores que concurrieron, aunque, no obstante, obedecían al mayor recato posible, alegritos solamente. Alguna hembra se vio en el gallinero que parece no le agradaba el espectáculo.

El público se impacientó por el cambio de nombre de algunas vistas ya conocidas y pide que haya un poco más variedad por ser el mismo, por lo regular, el que asiste siempre. ¡Bien por el señor Pío! ¡No se quejará del brillante resultado que está obteniendo!

Esta particular función para hombres solamente fue exclusivamente para proyectar *"vistas"* cuyo contenido se consideraba explícito o no propio para las damas. Hay evidencia de vistas producidas por Edison que fueron fuertemente señaladas. Algunos títulos que se conocen fueron: *"El Beso"*, *"Dolorita y el Baile del Vientre"* y *"Fatima's Coochie Coochie Dance"* cuyas visitas fueron censuradas, o fuertemente criticadas en su época.

La noche del 13 de mayo será recordada como la primera vez que se presenta contenido de esta índole en Puerto Rico. El 19 de mayo de 1897, el periódico La Balanza publicó la noticia de la última presentación del sr. Pío en San Juan.

El Cinematógrafo

Hoy da su última exhibición esta sorprendente maravilla del siglo XIX, habiendo dispuesto las dos tandas, por el mismo precio que antes costaba una, hay gran "embullo" entre el público, y seguro es que el teatro será de bote en bote.

Su última presentación tuvo rebaja de precios lo que provocó mayor acceso de personas de recursos limitados. Este acto mostró lo accesible que fue el cine para la sociedad desde sus inicios. Su presencia en San Juan fue bien recibida por parte del público y los medios noticiosos. Luiggi de Pío partió una gira llegando a Ponce. Su primera presentación tuvo lugar en el teatro La Perla un martes 1ro de junio. El 1ro de junio, el periódico La Democracia de Ponce anunció:

> *Esta noche se exhibirá en la Perla el cinematógrafo, último invento de Edison y uno de los más famosos. El cinematógrafo es un aparato ingeniosísimo en el que se reproducen las escenas reales de la vida con sus colores, movimientos y tamaño natural, alumbrado por la luz eléctrica. El que veremos esta noche contiene catorce magníficos cuadros, sobre episodios diversos. En los intervalos de cada cuadro, se oirá una pieza del Micronógrafo de Bettini, desconocido en esta isla. Recomendamos la asistencia al público de Ponce, toda vez que se trata de una novedad, de una verdadera novedad, digna del mayor éxito.*

La prensa ponceña mostró ánimos positivos en un principio. Sin embargo, todo esto cambió cuando el periódico La Democracia reseñó los acontecimientos de la primera noche:

Anoche por primera vez se exhibió en la "Perla" el cinematógrafo cuyas figuras movibles ofrecen escasa variedad. Dicha exhibición no se presta para construir, por sí sola, un espectáculo; en Madrid generalmente las empresas teatrales la presentan al final de las funciones. Por otra parte, el precio nos parece un poco subido, pues en la península la entrada a las exhibiciones del cinematógrafo sólo cuesta veinte centavos.

Dado a los buenos deseos que había ofrecido el periódico a las futuras presentaciones en Ponce la prensa ofreció una fuerte y cruda reseña sobre lo ocurrido aquella primera noche. Sus críticas se enfocaron en los altos precios para tan limitado contenido. A causa de esto, hicieron una comparación entre los espectáculos reseñados en los periódicos de Madrid con el evento ocurrido en Ponce. Esto le tuvo que haber provocado una mala impresión del sr. Pío ante la sociedad ponceña. Las fuertes críticas no cesaron, el periódico La Democracia reseñó nuevamente esta vez poniendo énfasis en detalles técnico:

El aparato que se exhibió anoche en "La Perla" es el

cinematógrafo de Edison. Las vistas son variadas, pero hay muy poca seguridad en el foco y la luz es escasísima. Remediar estos defectos el empresario, rebaje también los precios y obtendrá mayor concurrencia.

Para agravar aún más la situación, el empresario tuvo problemas con la planta eléctrica que utilizaba para operar la maquinaria. Ocurrieron interrupciones en medio del espectáculo provocando un disgusto a los espectadores. (Los Cines Viejos de P.R. 2021 pág.13)

A consecuencia de este desafortunado evento, el periódico La Democracia del viernes 4 de junio anunció las últimas fechas del sr. Pío en la ciudad señorial:

El sábado y el domingo próximo dará el cinematógrafo sus dos últimas exhibiciones con el objeto de que los dependientes de comercio puedan disfrutar del espectáculo. En ambas noches se trabajará con una nueva planta eléctrica, con el objeto de evitar interrupciones; y en compensación a las dos vistas que se suspendieron por deficiencia de la máquina, se exhibirán veinte fotografías escogidas. Habrá rebaja de precios.

Por un periodo de casi dos meses, el paradero de Luiggi de Pío desapareció. Se entiende que pudo haber recorrido toda la costa suroeste o centro de la isla para llegar a la villa del Capitán Correa, Arecibo. De llegarse a presentar en algún otro pueblo, aún sigue siendo un misterio. Lo que sí tenemos certeza es que el Sr. Pío proyectó sus vistas en el teatro Las Claras de dicho pueblo. El periódico La Correspondencia del 29 de julio de 1897 anunció:

> *Se encuentra en Arecibo el cinematógrafo que se exhibirá en el teatro de aquella localidad. Dada lo admirable combinación de ese aparato, maravilla de Edison. Estamos seguros de que llamará la atención de los arecibeños.*

Su estancia en Arecibo fue fugaz; las razones son desconocidas. El periódico La Correspondencia del 31 de julio de 1897 mencionó:

> *Para mañana domingo anuncia "El Cinematógrafo" en Arecibo su última exhibición. Además de presentar nuevas y preciosas vistas, se exhibirá un magnífico fonógrafo que recientemente han recibido de los Estados Unidos que también es un excelente aparato.*

Días más tarde, Luiggi de Pío regresó a la ciudad de San Juan en donde nuevamente comenzó a dar funciones en el teatro. El Boletín Mercantil de Puerto Rico anunció el domingo 8 de agosto:

> *Cinematógrafo*

De regreso de su excursión al interior, tenemos en esta capital al señor Pío, dueño de "El Cinematógrafo", que nuevamente exhibirá en nuestro teatro durante las noches del 7, 9 y 10 del corriente, en combinación con el Merfonógrafo Bettan, que resulta un bonito y grandioso espectáculo.

Como hemos visto ya, su temporada en San Juan duró apenas 4 días. El periódico La Correspondencia del 10 de agosto anunció:

Esta noche dará su última función el cinematógrafo. Se exhibirán 25 vistas completamente nuevas.

Cualquiera pensaría que este sería el fin de esta travesía. Sin embargo, las circunstancias fueron otras. El sr. Pío volvió a aparecer; el periódico La Correspondencia del 3 de septiembre, bajo la firma de un periodista con el nombre *"JULEPE"* informó:

A pesar de los propósitos de la empresa y del fin a que estaban destinados los productos de la función de anoche, el público no correspondió como debía y era de esperarse en tan laudables deseos, - conservándose en el retraimiento de costumbre.

No se dirá que el espectáculo no fue llamativo, pues además de haberse escogido las 3 mejores obras del repertorio

111

moderno como son "El Gaitero", "La Leyenda del Monje"
y "Las Africanistas", la charanga del provisional número
3, amenizó los intermedios e invadió los pasillos durante la
representación. Las escenas del precioso idilio "El Gaitero",
transcurrieron sin novedad, y dentro de la misma parálisis
del día del estreno. A pesar de encontrarse el barómetro a
30 grados, era mucha la frialdad que se notaba en el teatro.
Los defectos de la luz, fueron subsanados anoche
preventivamente, por un semi reflector eléctrico, que a manera
de luz Drumont, iluminaba por completo la escena. El
aparato fue colocado en uno de los palcos principales frente
al escenario, bajo la dirección del señor Pío, dueño del
"cinematógrafo" que no hace mucho tiempo se exhibió en este
teatro.

Continuando las presentaciones de piezas teatrales junto
al cinematógrafo del señor Pío, el periodista *"JULEPE"*
escribió una nueva reseña acerca de lo ocurrido en la
noche del 5 de septiembre. (La Correspondencia, 6 de
agosto de 1897)

A las ocho en punto de la noche de ayer se levantó el telón,
para dar paso a "Las Africanistas" que se pusieron en
escena, previas las formalidades de costumbre… Las diez y
cuarto serían cuando empezó la exhibición de los 6 cuadros
de la rúbrica, presentados por "el cinematógrafo". Por lo

variado merecieron la aprobación del público que no engalana la presentación con frases subversivas, cuando no obscenas. Bueno es recordar (y me refiero al público más elevado) que desprestigia el buen concepto que de él tiene formado el interesante rumor del mismo que se nota durante la exhibición; dejando así de prestar atención a cuadros que honran a su inventor y al notable caballero que los reproduce. Me olvidaba de decir que ayer anoche se llevaron las lunetas y casi todos los palcos bajos, algunos principales, y en el piso alto estaban como arenques ¡Vamos! Veremos si poco a poco penetra la sangre artística en las venas del público retraído.

Pero donde se nota más animación, las noches de espectáculo en nuestro coliseo, es en la plaza Colón, donde por poco dinero, se disfruta de mujeres bellísimas, de ambiente agradable… y de música y canto gratuito; que no hay más que pedir ¡Lo que puede la economía!...

El periódico La Correspondencia continuó reseñando incidencias leves y problemas con los alborotos ocasionados por la gente del paraíso. JULEPE escribió un último artículo acerca de la travesía agridulce de este *"cinematógrafo"* en San Juan. El periódico La Correspondencia del 13 de septiembre de 1897 publicó:

Teatro

Los aficionados a las emociones estuvieron ayer de enhorabuena. Hubo espectáculos para todos los gustos y al alcance de todas las fortunas. Retretas en la plaza de armas tandas de…palos y cinematógrafo en el teatro.

Tres diversiones distintas y un solo suceso verdadero. Las empresas encargadas del espectáculo teatral de anoche sufrieron las consecuencias, puesto que el coliseo estaba poco menos que vacío. Tres cuartos de hora duraron las veinte vistas, exhibiéndose las más notables que encierra la interesante colección, que han venido dando al público los señores Pío y Plaja. El auditorio permanecía impasible, aplaudiendo cada uno de los cuadros que se le presentaba, sin chistar siquiera, sin duda teniendo en cuenta lo que, respecto al mismo, dije en mi revista anterior. ¡Así como procede! Hasta los bastones brillaron por su ausencia en el teatro.

Ignoro sí es que a la puerta se les obligaba a dejarlo, como medida de precaución, o se habían acaparado los más importantes y puntiagudos. El caso es que la despedida del popular "cinematógrafo" fue notable, familiar si se quiere, pero importante al fin, por el número de vistas que se exhibieron. Me dicen que los dueños del aparato, señores Pío y Plaja, que continúan su ruta y marchan para la Habana, y que, por lo tanto, han querido despedirse antes de partir del pueblo capitaleño. Por lo que les deseo en nombre del mismo, y mío, un feliz viaje… más suerte de la que aquí no han conseguido encontrar.

El señor Pío y su asistente o socio Plaja partieron a la Habana, Cuba. A Puerto Rico no regresaron o por lo menos hay mención de ellos en los periódicos como empresarios de cine. Su ruta aún sigue siendo un misterio.

Para ser ésta nuestra primera interacción con un aparato de esta índole resulta conveniente analizar los altibajos que tuvo el sr. Pío en el país. Asimismo, se puede contrastar las reseñas de la prensa capitalina con las de la prensa ponceña, donde muestran sus increíbles puntos de vistas para su tiempo.

Los sanjuaneros mostraban satisfacción por lo que presenciaron aquellas noches. Por lo tanto, los ponceños fueron fríos y exigentes con los ofrecimientos del Sr. Pío. Es increíble pensar que, en tiempos tan tempranos en el mundo del cine, en Puerto Rico se dieron estas reseñas cuyas exigencias fueron más allá del éxito, es decir, incluyeron detalles técnicos.

El mal sabor de boca permaneció en Ponce unos cuantos años; otros *"cinematógrafos"* que visitaron el sur pasaron por el fuerte ojo crítico de los periodistas. Esto cambió cuando a su teatro llegó un emisario francés en mayo de 1901.

Según la investigación de Rose M. Bernier, Puerto Rico se posicionó en el 9no país en gozar de las vistas cinematográficas entre los países latinoamericanos y el segundo en el Caribe. Cuba obtuvo el primer lugar cuando a la Habana llegó Gabriel Veyre y proyectó un 24 de enero de 1897. Solo fue cuestión de meses para que nuestra historia diera comienzo.

Los textos deberían ser revisados y actualizados. El origen de nuestro cine es más complejo que un breve resumen de lo que ya se sabe, es importante seguir escarbando, investigando y descubriendo. Lo que somos hoy como industria no se le debe específicamente a los estadounidenses ni tampoco a aquellos que filmaron películas en suelo boricua. Pienso que para llegar a producir cine hay que ver cine primero y lo vemos a través de las reseñas escritas sobre lo que sucedió aquellas primeras noches.

Édouard Hervet: *"El Musiú"* (Monsieur)

Por: Gabriel Berdecía Hernández - 2022

El cine llegó a Puerto Rico entre mayo y septiembre de 1987. Un empresario llegó desde la Habana y proyectó *"vistas"* en San Juan, Ponce y Arecibo. Gracias a las reseñas de los periódicos sabemos que proyectó a través de un dispositivo de la compañía Edison, lo que no sabemos a ciencia cierta ¿cuál de los proyectores se utilizó en aquel acontecimiento?

Antes de Hervet, el emisario panameño Salvador Negra de Pajes presentó cinematógrafo Lumiere en San Juan para las primeras semanas de marzo de 1898. Durante su estadía, la ciudad fue bombardeada por la marina estadounidense lo que provocó la paralización de sus proyecciones en el Teatro. Esto impidió que el artefacto francés pudiera ser conocido en otros teatros del país. Por lo demás, la mayoría del contenido que se había visto en la isla era *"cuadros"* de la compañía Edison.

A los muelles del barrio la playa de Ponce llegó un señor francés llamado Édouard Hervet con un cinematógrafo Lumiere. Su primera presentación se llevó a cabo el martes 21 de mayo de 1901 en el teatro La Perla.

El ojo crítico de la prensa ponceña había hecho fuertes señalamientos a otros empresarios de cine que ofrecieron espectáculos en los pasados años. Sin embargo, para Hervet y su máquina las reseñas fueron favorables. El periódico La Democracia del 23 de mayo publicó dos reseñas:

El martes dio su primera exhibición en el teatro La Perla el magnífico "Cinematógrafo Lumiere" que es de lo mejor que ha venido a Puerto Rico: las vistas son escogidas y se representan con gran claridad. Al numeroso público que acudió a la función agradó sobremanera y creemos que hará varias exhibiciones con brillantes resultados.

BELLO ESPECTÁCULO

Anoche se exhibió en el teatro de esta ciudad un cinematógrafo que es el mejor de cuantos hemos visto hasta ahora. El aparato proyecta las vistas de un modo perfecto, produciendo tal impresión como si los cuadros fueran verdaderos o reales.

En esta primera función se exhibieron en 3 actos, treinta y seis vistas todas interesantes y bellas. Gustaron especialmente "Una barca saliendo del Puerto", "Pagar justo por Pecador", "Calle de las Naciones en la Exposición de París", Ilusionista Doble", "Danza del Fuego", "Corrida de Toros" y, por último, "La Cenicienta" que es una vista en 15 cuadros y representa escena de la vida de una muchacha convertida, por una sucesión de acontecimientos perfectamente desarrollados en la exhibición, de servidora despreciada en esposa del rey. Todos los cuadros son de colores, y el último, denominado "Apoteosis", es por lo brillante, de un efecto magnífico. El público aplaudió mucho en todos los actos.

La segunda exhibición está anunciada para el jueves, y es de esperarse que numeroso público acuda a solazarse con tan bello espectáculo. El programa se varía todas las noches. Este cinematógrafo ha venido desde Cuba, en donde se exhibió con mucho éxito.

El periódico nos ofreció un plano detallado del programa de cuadros presentados por Hervet. Es la primera vez que se tiene documentado los títulos de los cuadros proyectados. Estas películas eran filmadas mayormente en países europeos, algunas de los títulos fueron filmados por el famosísimo mago George Méliès. El cinematógrafo Lumiere servía tanto de cámara como de proyector, por lo que hubo algunos emisarios que tenían permiso especial para filmar en los países que visitaban. Hay evidencia de *"vistas"* filmadas en México, Cuba y Panamá. Luego estas vistas eran proyectadas para el agrado del público. Entre los emisarios, había una red de intercambio que servía para poder mostrar nuevas *"vistas"* al público.

El 25 de mayo, el periódico La Democracia continuó reseñando los acontecimientos del cinematógrafo Lumiere en el teatro:

> *Llama la atención del público-que cada vez acude en mayor número al teatro- el magnífico cinematógrafo Lumiere. El aparato y las vistas son indudablemente las mejores y más perfectas de todas las que se han exhibido en la isla.*

La posibilidad de Hervet añadir nuevos cuadros a su programa cada noche, permitía que el público frecuentara el teatro más de lo habitual. En el pasado, las reseñas del periódico criticaban mucho la poca variedad de cuadros que otros emisarios proyectaban, este no fue el caso de Hervet. El periódico La Democracia del 28 de mayo publicó una corta reseña de lo ocurrido la noche anterior:

Las vistas de "La Pasión", que exhibió en el teatro el lunes el cinematógrafo Lumiere, fueron muy aplaudidas.

Al referirse a *"La Pasión"* significa que Hervet presentó una de las primeras películas de género religioso en Puerto Rico. Muchos creyentes veían el cine como un portal a lo inmoral y a la perdición. Sin embargo, el señor francés pudo haber apelado a los creyentes con películas de contenido religioso. El jueves 30 de mayo, el periódico la Democracia anunció:

El cinematógrafo Lumiere efectuó su último espectáculo el martes, exhibiendo vistas muy interesantes.

Hervet salió de la Ciudad Señorial y partió hacia a la Sultana del Oeste, Mayagüez durante los primeros días del mes de julio. No tenemos conocimiento de la fecha ni el tiempo que estuvo, pero si tenemos referencia de que el emisario francés ofreció funciones en el teatro *"El Bizcochón"*. El 8 de junio, el periódico La Democracia anunció:

Al concluir la compañía Martínez Casado, nos visitará el magnífico cinematógrafo Lumiere que está en Ponce.

El 26 de junio de 1901, el periódico La Correspondencia hizo su primer anuncio con relación a la llegada del cinematógrafo Lumiere a la capital.

"TEATRO:

Muy pronto se exhibirá en el Teatro de San Juan de esta capital el cinematógrafo Lumiére, que tantos aplausos ha conquistado en las ciudades de Ponce y Mayagüez; en donde ha dejado al público anteriormente complacido".

Los periódicos también anunciaron que la primera presentación de Hervet en San Juan se iba a llevar a cabo el 3 de julio. Pero por las actividades que se realizaban por la celebración del 4 de julio en el teatro, Hervet tuvo que retrasar su estreno para el 6 de julio. El periódico La Correspondencia del 7 de junio reseñó:

Los cuadros presentados anoche por el cinematógrafo son excelentes llamando mucho la atención del público. Los que constituyen el cuento de "La Cenicienta" y "La Corrida de Toros" que puede decirse son inmejorables y hacen completa la ilusión del espectador.

Hervet inició su gira con el mismo repertorio de vistas, al igual que en Ponce, el cuadro de la corrida de toros llamó mucho la atención posiblemente por la cercanía que había con los puertorriqueños y las costumbres peninsulares. El periódico La Correspondencia del 8 de julio nos ofreció un escrito más detallado de lo que ocurría en el teatro:

EN EL TEATRO. EL CINEMATÓGRAFO

Es indudablemente un aparato magnífico, y el mejor que se ha exhibido en Puerto Rico. La velada de anoche fue muy interesante, y a pesar del mal tiempo llevó al teatro bastante concurrencia. Muchos de los cuadros merecieron los honores de la repetición, a solicitud insistente del público.

"Las transformaciones de un sombrero", "El Panorama del Trocadero" (París), "El Vencedor de Frégoli", "La Regata de Botes al Remo", "La Corrida de Toros", "El Desfile de un Batallón de Ingenieros", "La Cenicienta" y, sobre todo, "Las Barcas Saliendo del Puerto" son cuadros muy perfectos que satisfacen al espectador más exigente. Los niños y los que no son niños están de buena honra.

La prensa publicaba artículos relacionados al cinematógrafo todos los días. La mayoría de ellos elogiando lo perfecto que eran los cuadros que proyectaban. Sin embargo, el 9 de julio, el periódico La Correspondencia mencionó en su escrito:

Desde el sábado se está exhibiendo al público en el teatro el gran cinematógrafo Lumiere. El espectáculo es muy del agrado del soberano. Lo prueban sus repetidos aplausos. En San Juan nunca se había exhibido un cinematógrafo de las condiciones del que nos ocupa. Lo único que no es del agrado del público son los precios, por los subidos. Si la empresa los rebajase, obtendría más resultados.

Nuevas vistas se presentaron en el teatro la noche del 12 de julio. El viernes 13 de julio, el periódico La Correspondencia publicó:

TEATRO. EN EL CINEMATÓGRAFO

La velada de anoche fue deliciosa, extraordinaria concurrencia llenaba palcos y plateas, ávida de admirar los hermosos cuadros de "La Pasión". Y a fe de su curiosidad fue satisfecha espléndidamente: Los doce cuadros que componen el grupo, son verdaderas obras de arte que atraen por su pasmosa verdad: Mañana domingo nos aseguran que se repetirá la serie para satisfacer a los repetidos ruegos del público: La función de esta noche sábado es muy interesante pues se exhibirá la lucha de un león con un toro, tomada d'aprés nature. Esperamos ver el teatro completamente abarrotado.

El 17 de julio el periódico La Correspondencia publicó una entrevista con el señor Hervet:

TEATRO, Mr. Hervet sigue alborotando a los Muchachos.

Parece mentira, pero es verdad ¿De dónde sale tanto chiquillo en San Juan? Creemos que hay uno debajo de cada adoquín: anoche estaba el teatro en plena muchachería. Había palcos con seis sillas que tenían a bordo unas doce criaturas. Mr. Hervet dice que la miel para atraer a estas lindas moscas, la encierra en su aparato: Y tiene razón, porque indudablemente es el mejor y más perfecto cinematógrafo que hemos tenido en Puerto Rico. Pero lo malo es, que esta noche es la función de despedida, y los chiquillos están echando alas y arrastraderas para detener al prófugo, que trata de limpiarse para Venezuela en el Filadelfia.

Una comisión compuesta de los muchachos más avispados de esta capital, y presidida por Fidelín y su hermano El Rubio, se acercarán hoy a Mr. Hervet para suplicarle que "cambie el trolley" y les proporciones algunas funciones más, porque están en época de las vacaciones de verano, y hay que pasarlas alegres y cantando como cigarras. Unimos nuestra voz, a la de la representable y minúscula comisión recordando a Mr. Hervet que vale más un pájaro en la mano, que cientos volando, según reza el adagio español.

El artículo mencionó el final de la temporada cinematográfica de Hervet en Puerto Rico. La influencia social que había provocado Hervet por su maquinaria, incitó a un grupo de niños presididos por *"Fidelín"* para intervenir, y así lograr extender la estancia del señor francés en la ciudad. ¿Qué hicieron los niños para apelar los sentimientos de Hervet? El 18 de julio el periódico La Correspondencia publicó lo sucedido:

TEATRO, CINEMATÓGRAFO LUMIERE:
Tour de Force. Realizado por Mr. Hervet

No fue un disloqué como creíamos, fue más. Una ... completa, la función de anoche, anunciada como despedida. A las 3 de la tarde, no había un palco en la taquilla, a ningún precio. A las 8 y cuarto de la noche, la avalancha de muchachos invadía los pasillos y las galerías. ¡A las 8 y media estábamos abarrotados como sardinas en tabal! Y a las 9 tuvo que intervenir la policía para que se cerrará el despacho de billetes, suspendiéndose la venta porque no cabía ni un alma más.

Y aún quedaban chiquillos en los alrededores del teatro en la plaza Colón y hasta en el kiosco de domingo. ¿De dónde sale esta tropa infantil? ¿Hay alguna máquina que los reproduzca a pares? Como los cigarrillos de "La Colectiva" o de "La Favorita".

La comitiva encargada de detener a Mr. Hervet cumplió su cometido. Según nos aseguran. Fidelín pronunció un discurso elocuente, como todos los suyos, en términos de que logró conmover al Mr. Hervet, que derramó lágrimas de alegría por la excelente acogida que ha tenido su aparato, entre los chicos (los grandes también) Ofreció permanecer unos cuantos días más entre nosotros, y la comisión se retiró satisfecha disponiéndose en atacar los bolsillos de sus papás, con objeto de abarcar los de la empresa.

Fidelín andaba anoche de boina y calzón corto, dándose pisto con las muchachas de su estatura. No decía que no se explicaba cómo iba a caber a bordo del *"Filadelfia"* la compañía de Mr. Hervet que tiene un personal tan numeroso sobre todo lo que le preocupan son *los caballos y los toros ¿Dónde los llevan? ¡El demonio es este chiquillo!*

Los niños de la ciudad lograron mantener al Sr. Hervet unas cuantas semanas más. El chiquillo *"Fidelín"* juega un papel importante en el resto de la estancia del francés en

San Juan. La prensa lo menciona como el escolta, mano derecha y fiel admirador de Hervet durante las siguientes funciones.

La gente en San Juan estaba eternamente agradecida y complacida con la labor de Hervet y sus espectáculos. Las personas en el teatro le gritaban ¡*"Apague Musiú!"* queriendo haber dicho ¡Apague Monsieur! que queremos que comience ¡la función!". El término *"Musiú"* fue adoptado por los puertorriqueños durante esos inicios del cine llamando a los proyeccionistas de otros cines como *"Musiú"*. Podemos oír esa frase en las crónicas de Conrado Asenjo cuando inauguró su Cine Carpa en el pueblo de Bayamón en 1907, 6 años después de haber venido *"Musiú"* Hervet.

El 22 de julio, el periódico La Correspondencia continuó publicando otra excelente columna:

> *Otro lleno completo ha tenido la empresa anoche; y esto prueba dos cosas: que el aparato del señor Hervet es magnífico y que los muchachos se han salido con las suyas, obligándoles a permanecer más días entre nosotros para que no quede títere sin contemplar esta maravilla. La exhibición de anoche fue espléndida y la máquina funcionó con esa regularidad y exactitud, que hace dudar al que contempla el*

cuadro, si aquello es verdad real o simplemente un efecto de óptica. El personal que llenaba anoche el teatro era completamente nuevo en su mayoría, pues asistieron al espectáculo muchas personas de Río Piedras y Bayamón.

Lo que no era nuevo era la muchachera que llenaba todos los huecos del vasto edificio. Ella grita, aplaude, pide que se repita lo que le gusta, que por lo regular son los soldados, los toros o aquellas escenas en las que figura algún chico que realiza alguna travesura. Es indudable que Mr. Hervet ha trastornado a esta tropa infantil; arrastrando con ella hacia el teatro a muchos que hace tiempo dejaron de formar en sus filas.

Los días siguientes las clemencias del tiempo provocaron cierta baja de asistencia del público. El 24 de junio, el periódico La Correspondencia publicó:

Lluviosa y muy desapacible la noche, no hubo la nutrida concurrencia que otras veces llena el local. Algo taciturno, vimos a Fidelín que andaba de capote seguido de su inseparable "el rubio", los cuales se han declarado protectores de Mr. Hervet. Esta lluvia nos tiene enguabinados, nos decía el primero; y el segundo apoyaba agregando que la electricidad no servía bien con el agua. Los dos son catedráticos en embrión y más republicanos que el conserje del teatro, con el cual mantienen largas conferencias. Confían en que la lluvia cesará muy pronto, y volverá el público a dar al cinematógrafo toda la importancia que tiene ese aparato fin de siglo. Deseamos que realicen su pronóstico.

Ya se acercaba el comienzo del fin, Hervet había anunciado sus últimos días de cinematógrafo en Puerto Rico. La función del 30 de julio fue organizada por Hervet para donar un porcentaje de las ganancias para los pobres. El periódico La Democracia del 1ro de agosto mencionó que se logró recaudar unos $43.65 dólares que fueron entregados al ayuntamiento.

El 31 de julio, el periódico La Correspondencia publicó un nuevo artículo sobre la penúltima presentación de Hervet:

Ya anoche era otra cosa, La animación ha vuelto a encandilar, y llovía por todos los alrededores del coliseo. Como saben que el Sr. Hervet está con un pie en el estribo, la tropa infantil se apresura a llenar palcos y plateas. La velada resultó magnífica, y la de esta noche será aún mejor; pues el señor Hervet, siempre bondadoso le dedica a beneficio de taquillero de la empresa Ulises Loubriel; y es sabido que este es grande amigo de la muchachera en San Juan. Al teatro pues, toda la tropa infantil que esté exenta de servicio. ¡Hasta la noche!

Hervet culminó su temporada un 1ro de agosto de 1901, la gente de San Juan visitó el teatro para despedirse tanto del queridísimo señor Hervet, como también del magnífico cinematógrafo Lumiere. El periódico La Correspondencia documentó lo sucedido la noche del 1ro de agosto:

> *Fue anoche la última función y un nutrido público fue a dar la despedida a Mr. Hervet, pues el coliseo estaba completamente abarrotado. El Maracaibo se encargará de conducir a Venezuela la excelente troupe, y estamos seguros, que allí tendrá la misma aceptación el magnífico aparato inventado por Lumiere.*

> *Deseamos un próspero viaje al señor Hervet y su simpática esposa, y esperamos verlos otra vez por Puerto Rico principalmente cuando haya enriquecido su colección con sus hermosos cuadros sobre costumbres del Hawái que tanto se desea conocer por esta Antilla.*

Édouard Hervet viajó con su esposa a Venezuela para continuar su aventura cinematográfica. A la isla regresó por un breve periodo durante las navidades de 1901. Seguramente de Puerto Rico se tuvo que haber llevado gratos y cálidos recuerdos. El "*Musiú*" marcó un antes y un después en nuestra historia cinematográfica.

Una Película Llamada *"Maruja"*

Por: Eduardo Rosado - 2011

En 1959 estrenó con bombos y platillos la película puertorriqueña *"Maruja"*. Primer filme comercial del país, que contó con un gran elenco en pantalla (La crema del país literalmente) y que se convertía en la primera mega producción realizada en la isla. Hoy, más de 60 años después *"Maruja"* continúa siendo uno de los filmes más exitosos a nivel artístico y comercial y uno de los más importantes, queridos y recordados en la filmografía boricua. Irónicamente, poco se sabe de su producción y su origen. Durante los últimos cuatro años esta película me ha obsesionado. Es el número uno en mi lista de filmes preferidos y objeto de estudio y análisis tanto cinematográfico como histórico. Hoy, comparto con ustedes un poco de lo que se sabe de esta producción, para que entre sus libros de historia de cine extranjeros y colección de filmes sepan que existe una joya sin precedentes y, sobre todo, un director llamado Oscar Orzabal Quintana, quien se ha perdido en la historia del cine local.

EL GÉNESIS DE *"MARUJA"*

El génesis de *"Maruja"* hay que comenzarlo antes del

génesis de *"Maruja".* Y es que esa década de los 50, cuando llega a Puerto Rico la televisión y comenzó el boom de los artistas fue clave para que se pudiera dar esta producción. Sucede que para ese entonces la producción de telenovelas en la isla estaba en su auge y era tal que un grupo de actores de Telemundo que se conocían desde la época de oro de las radionovelas, decidieron crear una Cooperativa de Teatro, en donde adaptaban con permiso del canal las telenovelas al teatro y las llevaban por toda la isla. En ese grupo de actores se encontraba Axel Anderson, alemán de nacimiento que explotó su carrera en Argentina y que recién había llegado a Puerto Rico y Victor Arrillaga. Fue tal el éxito y la fama de esa Cooperativa que llegaron a los oídos de un joven ponceño llamado Jerónimo Mitchell. Mitchell acababa de llegar de Francia con experiencia cinematográfica y con una idea entre manos: la historia de una mujer que llegaba a Puerto Rico misteriosamente y se casaba con un hombre del pueblo, pero le era infiel sin que éste se diera cuenta. Al final, ella moría y el secreto a voces salía a relucir para desgracia del hombre. La idea de Mitchell no le llamó la atención a la Cooperativa. Con tanto éxito en teatro y TV, el cine (el cuál no se hacía en el país excepto por la DIVEDCO) no parecía negocio. Solo dos actores se interesaron por la idea y llamaron aparte a Mitchell:

Anderson y Arrillaga, ambos, sin un guion en mano, buscaron el capital, crearon junto con Mitchell una organización con fines de lucro y a base de acciones.

HACER CINE EN PUERTO RICO

Hacer cine en Puerto Rico no era fácil... ni una realidad. A finales de los 40 se crea la famosa DIVEDCO gracias a Jack Delano y eran los únicos, junto a Juan Viguie, hijo y su Viguie News quienes hacían cine en la isla. No había técnicos, directores ni editores preparados para hacer cine a nivel comercial. Aun así, el grupo, con el deseo de hacer producción local crearon la compañía Probo Films. PROducciones BOricuas era el significado. El deseo era hacer cine puertorriqueño.

Durante casi tres meses Mitchell, Anderson y Arrillaga le dieron forma al guion que pasaría a llamarse *"Maruja"*. En este proceso también colaboró enormemente Manuel G. Piñera (Autor de la telenovela FAB). A su vez, mientras trabajaban en el guion Anderson y Arrillaga levantaban y buscaban financiamiento.

El cómo escogieron el elenco es un dato que se ha perdido poco a poco en la memoria de los protagonistas. Anderson recuerda haber viajado a Cuba mientras comenzaba la revolución para conocer a una actriz cubana la cuál tenían pensada para el papel de *Maruja*. Al parecer el viaje fue en vano. El papel terminó en las manos de la famosa y hermosa Marta Romero quien tenía popularidad como cantante y actriz.

El elenco en su totalidad lo formaban: Marta Romero, Roberto Rivera Negrón, Mario Pabón, Helena Montalbán, Axel Anderson, Mona Marti, Orlando Rodríguez, Alicia Moreda, Waleska Carbia, Jimmy *"Serruchito"* Díaz, Gilda Galán y Manuel Pérez Durán. Participaban además un joven Paquito Cordero, Victor Arrillaga y una actuación especial de Cortijo y su combo con Ismael Rivera.

Adicional a encontrar al elenco indicado tenían que encontrar al director indicado. Victor Arrillaga sugirió a Mario Pabón y a Edmundo Rivera Alvarez. Pero Anderson mencionó solo un nombre: Oscar Orzabal Quintana. Orzabal fue director de las telenovelas en Telemundo y posteriormente fue director de programación del canal. Había llegado a Puerto Rico en 1955 a los 28 años de Argentina donde fue editor de cine (con 6 producciones cinematográficas en su filmografía) y director de televisión. En total, Orzabal tenía 7 años de experiencia en la industria del cine y la televisión. Anderson había conocido a Orzabal en Argentina mientras ambos laboraban para la televisión y una vez en Puerto Rico forjaron lazos de amistad. Tanto Anderson como a Arrillaga les parecía que Orzabal era la persona indicada a quien confiar esta encomienda. Y no se equivocaron. Orzabal aceptó inmediatamente, esto a pesar de que lo contrataron días antes de la filmación. Como anécdota curiosa: fue tanta la emoción y entrega de Orzabal, que decidió renunciar a su trabajo fijo de Director en Telemundo, pues comprendió que no iba a poder dividirse entre las dos labores. Sin embargo, la gerencia del canal no le aceptó la renuncia y le dieron permiso para realizar la filmación y estar ausente el tiempo que necesitará para realizar la filmación y edición de *"Maruja"*. En total, Orzabal estuvo ausente de Telemundo un año.

Con el presupuesto ya conseguido comenzaron a filmar. Nadie cobró mucho. De hecho, cobraron por debajo. Para que tengan una idea los personajes principales cobraron $500 dólares cada uno (Romero, Mario Pabón, Anderson, Arrillaga). Para esa época, $500 era el sueldo que un actor secundario cobraba en una telenovela semanalmente. Orzabal cobró $5,000 en total. $3,500 como director y $1,500 como editor.

EN PRODUCCIÓN: *MARUJA*

"Maruja" se comenzó a filmar a finales de 1957. Muchas de sus escenas se filmaron en Bayamón con ayuda y cooperación del Municipio y los mismos ciudadanos, quienes prestaron propiedades y cooperaron gratuitamente. Aunque la película se comienza a filmar a finales de los 50 la trama ocurría en la década de los 40. El reto de este factor (aunque la moda en vestuario y peinados no había cambiado mucho) era que parte de la trama era utilizar el tren, cuando ya en Puerto Rico no existía el tren. Utilizaron y filmaron en la terminal de San Juan que aún existía y consiguieron material fílmico de trenes de Viguie News que luego añadirían en edición. Orzabal, con los pocos días que tenía, tuvo que ver ese material de archivo de los trenes para pensar en cómo realizaría la secuencia. Adicional, tuvo que reescribir escenas y diálogos.

Los técnicos que formaron parte de esta faena aún siguen vivos. Luis Maisonet fue el Director de Fotografía y Pedro Juan López (el papá de PJ López, dueño de PJ Gaffers) fue asistente técnico. La cámara que se utilizó para filmar fue una Arri.

El trabajo de Maisonet contiene secuencias complejas como escenas nocturnas, con poca iluminación (solo tenía cuatro focos de fotografía Photofloods para iluminar) y con el convertible de Orzabal, un Chevrolet nuevo el cuál utilizaban para mover el equipo y como dolly improvisado.

Una de las secuencias del filme, entre Axel Anderson y Marta Romero, necesitaba de movimiento por lo que Maisonet utilizó el automóvil convertible como dolly para seguir la acción. Orzabal iba conduciendo mientras Maisonet le decía la velocidad a la que debía correr.

Francisco Palacios se encargó de las escenografías y tuvo el reto de tomar una casa abandonada que les prestó el municipio de Bayamón para convertirla en una barbería de siete partes. El material que usaron para crear la barbería fue en su totalidad donado por varios negocios que cooperaron, donando artículos.

Durante la filmación, que duró 8 semanas, Orzabal dormía poco. Uno de los días al finalizar la filmación, tuvo que detenerse en su vehículo en la carretera y acostarse a dormir, solo para ser sorprendido por un oficial de la policía quien lo escoltara a su casa para asegurar de que llegara sin provocar un accidente.

La secuencia con Cortijo y su combo se tuvo que filmar durante la famosa hora mágica, por lo que andaban contra el tiempo no solo por este factor de que se les iba la luz del sol, sino porque Cortijo y su combo tenían un compromiso de trabajo y debían marcharse. La secuencia se filmó en una hora mientras caía el sol.

Una anécdota curiosa y que pocos saben es que después de la primera semana de filmación, un señor de apellido Winston que trabajaba para la distribuidora de Columbia Pictures en Puerto Rico y muy amigo de Anderson hizo el favor de comentarle sobre esta filmación a una periodista gringa. La periodista, que resulta que trabajaba para nada más y nada menos que la revista Variaty se da su viajecito a la isla caribeña para entrevistar a Anderson, al crew y dedicarle una edición de Variaty que corrió por todo Estados Unidos. Esto parece que les molestó a los gerentes de Columbia, quienes recién habían contratado a Egon Klein (gerente de PeliMex, compañía que distribuía y hacia los filmes de Cantinflas) para comenzar su famosa división hispana. Era un chiste que esa división (única en Hollywood y el mundo) se jactaba de tener las películas latinas y este filme de nombre *"Maruja"* ni siquiera había pasado por sus oídos, sobre todo teniendo al Sr. Winston en la isla. Bastó un jaloncito de oreja para que Winston pusiera a Anderson en contacto con los gringos y realizará un viajecito en avión a conocerlos. La reunión entre Anderson, los gringos y luego Klein culminó con un acuerdo de cierta cantidad de dinero y distribución mundial (la cuál nunca sucedió) y en el comienzo de un imperio de Columbia Pictures en su división latina, la cual abrió la puerta a otros boricuas a hacer filmes con la Columbia y dio origen luego a la famosa época del cine delincuente en la isla.

Con el dinero que les adelantó Columbia terminaron de rodar y de costear los altos costos de post producción...

Y NACIÓ *MARUJA*

Esta etapa requería no sólo de edición, si no de doblaje y de música. Adicional a la publicidad.

Mientras Orzabal editaba en las facilidades de Viguie Films, Bobby Capó componía y hacía la música y el tema principal de *"Maruja"*. El doblaje se llevó a cabo en Film & Dubbing, en los altos de Radio El Mundo, dirigido por el mismo Orzabal. Moncho Usera dirigió e hizo los arreglos musicales de Capó y la orquesta se grabó en unos estudios que estaban ubicados en lo que hoy día es el Fine Arts de Miramar.

Al terminar la edición, *"Maruja"*, con una duración de 2 horas y 40 minutos. Para la época, la película era demasiado larga y contenía, además de, la historia central de *Maruja*, la del alcalde y la de muchos otros grandes del pueblo, se suprimió un total de 40 minutos, quedando la película en 2 horas que tiene actualmente. Entre estas escenas eliminadas se encontraba un momento dramático de la actriz Mona Marti (la esposa del alcalde), quien posterior a la muerte de *Maruja*, le reprocha a su esposo el cómo pudo serle infiel. Esta escena dramática fue uno de los momentos más dramáticos de la actriz.

En el transcurso, Mitchell, quien fue el precursor de la idea, no estaba de acuerdo con no cobrar en el proceso con tanto dinero envuelto. Así que decidió exigir que se le pagarán sus acciones según estipulado en el contrato. Sin más opción, Anderson y Arrillaga no solo le tuvieron que pagar las acciones con dinero de su bolsillo, sino que adicional tuvieron que pagar por los derechos de la historia. El total de dicha compra de derechos y acciones ascendió a $15 mil.

La publicidad en su totalidad fue gratuita. Un filme sin precedentes recibió la atención del país. Anderson, que al parecer era el más entusiasta del grupo, contactó a José Luís Torregrosa, quien tuvo un personaje pequeño en el filme y que tenía un programa en Telemundo que se transmitía el jueves llamado Telecine Mexicano. Anderson le propuso transmitir la premier de "*Maruja*" en vivo. Y en otro acto sin precedentes, Telemundo le dio cobertura al primer espectáculo cinematográfico del país de esta índole donde hubo alfombra roja y donde el mismo Torregrosa fue el maestro de ceremonia. Históricamente, en la televisión nacional, esto constituye el primer control remoto realizado en la televisión boricua. Había cámaras en el lobby del teatro y fuera del mismo. El teatro en cuestión fue el Matienzo (el que hoy es el Arriví) y ustedes han tenido que ver la famosa foto del estreno de "*Maruja*", donde se ve una espectacular y enorme fila que continuó por tres cuadras y que dio la vuelta a la manzana. Me cuenta don Anderson que el primer fin de semana, el mismo gerente del cine los llamó para que fueran a ayudar pues la filas continuaban imparables y no podían controlar al público impaciente. Seguramente, si le preguntas a tus abuelos ellos recordarán esa transmisión o el fenómeno llamado *Maruja*. Al final de la presentación, Orzabal saludo a Mona Marti, a quien no pudo saludar justo hasta el final. La actriz le reprochó el que se hubiera eliminado su escena dramática. Al parecer nunca se lo perdonó.

En su totalidad, "*Maruja*" tuvo un costo final de $50 mil dólares. Participó en el Festival de Río Hondo en Argentina, donde tuvo buena acogida y se exhibe en

Nueva York donde también tiene buena acogida. Columbia nunca cumplió con su parte del acuerdo de distribuirla mundialmente. Lo demás es historia.

Mitchell continúo haciendo cine y con la popularidad de *"Maruja"* y el peso del título *"productor de "Maruja""* realizó otro clásico: *"Ayer Amargo"* en 1960, el cuál contó también con Marta Romero como protagonista.

Probó Films solo hizo dos filmes más: *"El Otro Camino"* (1960) y una coproducción con España llamada *"Palmera Muerto"*(1962) que resultó en un fracaso. La historia de *"El Otro Camino"* es en sí otra película digna de ser narrada en otro artículo. Pero en resumidas cuentas les diré que estuvo perdida por casi 30 años hasta que un proyeccionista encontró la copia en un río en Bayamón, la montó, la restauró y cuando la vio proyectada, cae en cuenta de que es un filme local, hace entrega de la misma.

Anderson siguió haciendo cine y es quizás, uno de los actores más queridos y más exitosos de la historia del cine puertorriqueño. Esto sin contar su inmenso talento que lo convierten en uno de los mejores actores del país. Su filmografía incluye otros clásicos de cine local como "*La Guagua Aérea*" de 1993, "*El Otro Camino*" de 1960 y el filme de culto "*Celestino y el Vampiro*" del 2003. Adicional a su larga trayectoria en teatro.

¿Sobre "*Maruja*"?

Aun la película sigue vendiendo. Está disponible en DVD y es uno de los filmes que más me solicitan en www.cinemovida.net a nivel mundial, a pesar de que nosotros no vendemos películas. El año pasado Cinefiesta le hizo un reconocimiento a su director Oscar Orzabal Quintana y exhibieron el filme. Al sol de hoy "*Maruja*" es verdaderamente un logro artístico por su excelente contenido y realización. No solamente contiene un guion cuya trama es puramente criolla, que logra con su tema regional y puertorriqueño, con artistas

145

locales, canciones y cantantes nacionales encontrar la famosa "*universalidad*" sino que también pudo encontrar eso de lo que carecen muchos de los filmes nacionales: originalidad y lenguaje propio. El lenguaje cinematográfico empleado con la excelente fotografía de Maisonet y la edición dinámica de Orzabal bajo su misma dirección hacen de "*Maruja*", sin duda alguna, una de las mejores películas puertorriqueñas en la filmografía nacional. Adicionalmente, económicamente hablando no le ha ido nada mal. "*Maruja*" ha recaudado a través de los años no solo su inversión si no que la ha duplicado. Los otros ejemplos mencionados como exitosos en el cine boricua son "*La Guagua Aérea*" de 1993, la cual apenas tuvo ganancia sobre los $1.3 millones que costó y "*Talento de Barrio*", la cual apenas recuperó la inversión de casi dos millones. Nada mal para un filme que se hizo por $50 mil dólares con el deseo de hacer cine puertorriqueño.

Lo que le pasó a Santiago

Por: Eduardo Rosado - 2011

Cada cierto tiempo, mi mentor y amigo Radamés Sánchez me cuenta una anécdota particular que la llevo grabada en la memoria como la escena de una película. A finales de la década de los 70, se reunieron un grupo de cineastas para hablar de cine. Cada uno de ellos disponían su teoría de lo que tenía que hacerse para que se levantara la industria de cine en la isla. Al rato, uno de los que estaba atento a la discusión se levantó de su asiento y les dijo a los allí reunidos: "*Hay que hablar menos de cine, y hacer más cine.*". Todos se quedaron callados. El individuo en cuestión era Jacobo Morales. Dos años después estaba estrenando en cines "*Dios los Cría*". Y luego, en 1998, realizaría un cortometraje que parece inspirarse en esa anécdota: "*Enredando Sombras*".

LA IDEA DE UN VISIONARIO

Aunque muchos conocemos la figura de Jacobo Morales, creo que es importante antes de hablar de "*Santiago*" repasar un poco el cómo Jacobo llega al cine o como el cine llega a él.

A los 14 años comenzó su carrera como actor durante la época de oro de la radio en Puerto Rico y comenzó en la televisión cuando ésta se inauguró en 1954. Es gracias a la televisión que tiene su oportunidad en cine. Resulta que Jacobo actuaba en la comedia televisiva "*La Criada Malcriada*", producida por Don Tommy Muñiz, el cual tenía una gran audiencia. En dicho programa, Jacobo interpretaba a "*Moralito*", un odioso lame ojos que no cesaba de halagar a su jefe, caracterizado por nuestro gran comediante José Miguel Agrelot.

Don Tommy le solicitó a Jacobo escribir los libretos de dicho programa. La Columbia Pictures, que tenía una división latina dedicada a la producción de cine en español le hizo un acercamiento a Don Tommy para llevar "*La Criada Malcriada*" al cine. Don Tommy aceptó la propuesta y le encomendó a Jacobo la escritura del guion en 1965. Jacobo interpretó a Moralito nuevamente, pero en la pantalla grande, una vez estrenó el filme en 1966.

Posteriormente, interpretó algunos papeles breves en filmes como "*La Palomilla*", dirigida por Efrain López Neri y en "*Arocho y Clemente*", realizada en 1970 y en la que Miguel Ángel Alvarez asumió el rol de director.

En 1971, el cineasta Woody Allen filmó en la isla parte de su película "*Bananas*" y con esto el destino del campo cinematográfico de Jacobo quedaría marcado. En el filme Jacobo interpreta a Tony Espósito (una especie de Fidel Castro) que lidera una revolución. Jacobo tomó nota de todo lo que hizo Woody como director.

En el 72 fue seleccionado para interpretar al propio Fidel Castro en la comedia "*Up the Sandbox*" protagonizada por la cantante y actriz Babara Streisand.

En la década de los 70 el cine puertorriqueño, decayó grandemente. Tuvo una época de oro en los 50 y en los 60 a la que siguió una etapa en la que predominaron producciones de temática criminal, conocidas popularmente como "*cine delincuente*". Este cine "*delincuente*" que se hacía solo por dinero, inundó nuestras pantallas de "*sangre y sexo*" a tal manera que ya para mediados de los 70 nadie quería saber del cine puertorriqueño. Era una copia barata del cine mexicano que, en ese momento, estaba en crisis. Tuvo que venir Morales en 1979, con un proyecto que se concretaría en 1980: su filme "*Dios los Cría*". La película redefinió el cine puertorriqueño y lo sacó del hoyo en el que estaba metido. Era, irónicamente, la película que comenzaba por primera vez en Puerto Rico el concepto de cine de autor y de crítica social, que no se había realizado en la isla nunca antes. En el 85 dirige "*Nicolás y los Demás*", en el 86

Marcos Zurinaga dirige "*La Gran Fiesta*", filme que creó la pareja emblemática de Cordelia González con Daniel Lugo y le tocaba el turno de nuevo a Jacobo.

Transcurre el año 1987 y Jacobo tenía otro guion: "*Lo Que le Pasó a Santiago*" y un actor en mente: don Tommy. El personaje había sido creado para él. La historia: un hombre viudo y retirado que pasa los días sumido en la rutina, hasta que conoce a una mujer que lo saca de la misma. Aunque don Tommy era productor, sugirió a su hijo Pedro, para que en asociación con Jacobo y sus respectivas compañías (Dios los Cría, Inc y Producciones Pedro Muñiz) fueran las entidades productoras del proyecto. Así, Pedro pasaría a desempeñar las funciones de productor y Blanca Eró, la esposa de Jacobo, la de productora ejecutiva.

Pedro, recién había efectuado exitosamente la venta del canal 7 logrando un jugoso contrato que le generaba una entrada de dinero sin tener que dedicarle horas de trabajo. En fin, tenía tiempo libre. Una vez leído el guion aceptó de inmediato con una preocupación en mente: no había dinero e iba a ser cuesta arriba conseguir la cantidad de dinero (medio millón) que necesitaban para la película. Más difícil era aceptar la realidad de que las posibilidades de recuperar lo invertido eran inciertas y la probabilidad de que él y Jacobo quedarán seriamente endeudados. En el mejor de los casos se quedarían con una enorme deuda en los bolsillos.

HACER CINE EN PUERTO RICO ES DE LOCOS

A finales de 1987 Pedro y Jacobo habían logrado reunir $45 mil y $5 mil donados por el Instituto de Cultura Puertorriqueña. Además, lograron realizar la preventa de los derechos del filme al canal 7. Procedieron a realizar 120 presentaciones a ejecutivos, empresas, compañía de publicidad y lograron recaudar $100 mil adicionales. Sin ningún lugar adicional para pedir chicos, hicieron lo que hoy conocemos de oído como leyenda urbana. Tanto Jacobo como Pedro tomaron el famoso préstamo del Banco Gubernamental de Fomento el cual les ayudó a alcanzar la suma que necesitaban para rodar la película, adelantándose por varios años a la hazaña del legendario Robert Rodríguez y su película "*El Mariachi*", lo cual creó el movimiento de Cine Guerrilla.

Con dinero en mano, era cuestión de reunir al resto del elenco. René Monclova, Johanna Rosaly, Pedrito Muñiz, Roberto Vigoreaux, Jaime Bello y el mismo Jacobo. La actriz principal sería la misma con la que Don Tommy había protagonizado por año "*Los García*": Gladys

Rodríguez.

La filmación duró 7 semanas ininterrumpidas con días que llegaban a las 14, 16 y hasta 20 horas de trabajo. Jacobo y Pedro temían, aunque trataban de no pensar mucho en eso, de que no verían su dinero de vuelta. Sus casas estaban de por medio. Pero es que las ganas de hacer cine ya los poseían demoniacamente.

Una vez terminada, "*Santiago*" recorrió varios festivales: El Festival de Cine Latinoamericano de Washington D. C. el 26 de octubre de 1989, el Festival de Cine

Iberoamericano en Huelva, España y el Festival de Cine Español en Nantes, Francia. La película se exhibió en la isla la primera semana de noviembre de ese año. Su estreno llegó atrasado debido al famoso Huracán Hugo que atacó la isla el 18 de septiembre.

LA CARRERA PARA EL OSCAR

Es importante hacer una pausa a nuestra historia para que ustedes sepan lo que significa el que Puerto Rico esté y pueda participar en la categoría de Mejor Película en Idioma Extranjero, aun cuando somos territorio de Estados Unidos. Resulta que como territorio americano a Puerto Rico se le hacía difícil competir bajo la categoría de Mejor Película principalmente por nuestros escasos recursos económicos comparados a los presupuestos millonarios de Hollywood y difícilmente podríamos aspirar competir de tú a tú con el cine de Hollywood en la categoría de Mejor Película. Fueron Marcos Zurinaga y Roberto Gándara quienes iniciaron la lucha para hacer que se nos reconociera como nación, en términos de cultura e identidad. Tal como nos considera el Olimpismo Internacional. Ambos convencieron a la Academia para que aceptaran que nuestra industria es una con gran potencial de desarrollo y crecimiento, con esquemas de producción y presupuestos muy distintos a los de Hollywood.

Pedro vio la posibilidad de someter "*Santiago*" a los premios de la Academia. La fecha límite para inscripciones era hasta el 2 de noviembre de 1989 y la regla para someter candidatas disponía que la película debía haber sido exhibida en territorio estadounidense al menos una vez. Y lo había hecho en el festival de Washington ¡el 26 de octubre! Sin pensarlo mucho Pedro somete el largometraje a la Academia. Para el 5 de enero de 1990 la película tenía que estar en poder de la Academia de Artes y Ciencias Cinematográficas rotulada y con subtítulos en inglés. En tiempo récord tuvieron que conseguir dinero y trabajar en los subtítulos. Pedro viajó a Los Ángeles para reunirse con una compañía interesada en distribuir el filme en territorio norteamericano. Llegaron a un acuerdo de exclusividad, pero hubo incumplimiento de parte de dicha compañía y se pospuso el estreno de "*Santiago*" en Estados Unidos. Pedro se movilizó e hizo acuerdo con otra distribuidora para territorio no continental. El empresario desapareció, lo mismo que su compañía. No obstante, de tiempo en tiempo, les llegaban cheques de cierta cantidad de dinero acompañados de breves explicaciones, en las que se hacía mención de los recaudos de la película en Israel, en Italia, en Egipto... Pedro siguió haciendo gestiones para conseguir fondos con los que sufragar gastos relacionados con la distribución de la película. Logró que la Legislatura le asignará $50 mil.

El 14 de febrero de 1990 se hicieron públicas las nominaciones. Gran notición inundó al país: "*Lo que le Pasó a Santiago*" fue nominada al Oscar como Mejor Película en Lenguaje Extranjero. Se hizo una segunda ronda de proyección en la isla.

EN LA ALFOMBRA ROJA

Seis personas viajaron a la gran ceremonia: Don Tommy, Luz Maria García (esposa de don Tommy), Jacobo y Blanca Eró, Pedro y Pedrito (hijo de Muñiz). El día antes del evento, la Academia realizó un almuerzo en honor a los directores de las películas extranjeras nominadas donde estos tuvieron la oportunidad de compartir con las leyendas del cine. Allí Jacobo conoció a Stanley Kramer, quien fue amigo de nuestro actor puertorriqueño José Ferrer y director de "*Cyrano de Bergerac*", filme en donde Ferrer hizo el rol protagónico y por el cuál fue galardonado con un Oscar a Mejor Actor en 1950, convirtiéndose de esta manera en el primer latinoamericano en obtener la preciada estatuilla. A dicho

155

almuerzo asistieron también Akira Kurosawa, Oliver Stone, Billy Wilder y Steven Spielberg, quien se le acercó a Jacobo para saludarlo y decirle: *"I liked Santiago very Much"*. El actor Gregory Peck reconoció a Don Tommy y fue hasta donde él para decirle: *"I saw the movie. You're an extraordinary actor."*

El día de la ceremonia, una limosina con la bandera puertorriqueña enarbolada fue a recoger a los nuestros. De camino al Dorothy Chandler Pavilion, la conductora tomó por una ruta equivocada lo cual ocasionó que estos llegaran con retraso al desfile por la alfombra roja. Pero esto resultó positivo porque al principio desfilaban los menos conocidos, entre ellos los directores de las películas extranjeras en la gran alfombra roja. El grupo de *"Santiago"* llegó justo cuando estaban haciendo su entrada triunfal las luminarias de la meca del cine: Morgan Freeman, Jane Fonda, Jessica Tandy, Daryl Hannah, Arnorld Swchazernager, Robert De Niro, Denzel Washington, Julia Roberts, Robin Williams... entre muchísimos otros famosos.

La ceremonia había transcurrido con los consabidos aplausos y las expresiones de júbilo de los ganadores, y la disimulada impaciencia de los que aspiraban oír mencionar el título de sus películas. Hasta que llegó el momento de mencionar la ganadora de la categoría en que participaba "*Santiago*". El anuncio lo hizo el actor Jack Lemmon desde Moscú: "*And the Oscar goes to... "Cinema Paradiso"*".

Acto seguido Don Tommy se levantó y se marchó del lugar. Lo siguieron Luz Maria y Pedrito. Pedro, Jacobo y Blanca permanecieron en la ceremonia y en el posterior festejo.

De regreso a Puerto Rico, luego de las felicitaciones oficiales, la nominación no significó mucho para los efectos de acelerar la realización de futuros proyectos y conseguir auspiciadores. Aunque, lograron realizar una tirada de la película en VHS y lo más importante: saldar todas las deudas. No se le debe un centavo a ninguno de los participantes ni a la institución que prestó el dinero (el banco). Algunos otros filmes que han sido seleccionados desde entonces para ser sometidos a los premios en la categoría de Mejor Película en Lenguaje Extranjero: "*12 Horas*", "*Cayo*", "*Ladrones y Mentirosos*", "*Mal de amores*" y "*Miente*".

Hace poco visité a Jacobo a su residencia y aprovechando la redacción de este artículo, le pregunté si él había preparado un discurso por eso de si llegaba a resultar ganador y tenía que pararse ante millones de televidentes del mundo, durante la ceremonia. Me dijo que sí. Que tenía en su mente la idea de lo que diría esa noche: le dedicaría el premio a Puerto Rico, a los cineastas del país y a su amada e inseparable esposa, Blanca.

Cine Puertorriqueño e Ideología: la década de 1990 y su vuelta al pasado PARTE 1

Por: Alex Serrano Lebrón - aserranolebron@yahoo.com - 2009

El siguiente trabajo forma parte de una serie de ensayos sobre el cine puertorriqueño de la década del 1990. Estos ensayos están basados en la tesis de maestría presentada en junio de 2008 Cine puertorriqueño e ideología: la década de 1990 y su vuelta al pasado.

NUESTRO CINE DEL NOVENTA Y SU VUELTA AL PASADO (I de III)

Durante los últimos años de esta década, hemos visto en Puerto Rico la aparición, cada vez más frecuente, de estrenos de cine puertorriqueño. Cada nueva oferta cinematográfica nacional es cubierta como todo un evento. Lo que a todas luces es un gran logro, inevitablemente nos ha llevado a revivir el viejo dilema sobre la posibilidad de una industria de cine en Puerto Rico. Confieso que este dato me asusta porque históricamente se ha visto que cada mención a este tema parece 'salar' la esperanza de una industria estable.

Es ese extraño sentir de miedo a embaucarnos en otra conquista de una industria de cine el que me hace rechazar este tema, y en cierto sentido, me ha motivado a escribir estas líneas. Lo que aquí propongo es olvidar por un momento ese discurso de la finalidad del medio y comenzar a observar atentamente ese otro discurso que nos ha dejado la filmografía puertorriqueña. Recurrir a esos viejos archivos y redescubrir en cada ejercicio cinematográfico el valor dejado en caracterizaciones, imágenes y diálogos. Reconozcamos que el cine nos habla y queda en nosotros apreciar su lenguaje.

Este trabajo nace de la necesidad de analizar nuestro cine desde un nivel ideológico e idiosincrático. Conocer y volver la mirada al trabajo ya hecho, al esfuerzo consumado, con penas y glorias, de ese cine realizado y muchas veces olvidado. ¿Qué nos dicen esas películas de nosotros mismos? ¿Cómo proyecta nuestro cine al puertorriqueño y la puertorriqueñidad? ¿Qué temáticas refleja y cómo son presentadas? Estos son sólo algunos de los cuestionamientos que encaramos.

Específicamente me concentraré en el cine de la década de 1990, puesto que soy hijo de los noventa, y porque esta década cobija la celebración de varios momentos históricos. Recordemos también que la llegada de los noventa arrastraba un aparente optimismo por la primera nominación de una película puertorriqueña al Oscar (*Lo que le pasó a Santiago* de Jacobo Morales en 1989).

He seleccionado cinco películas como representativas de esta década, ya que ante la escasa oferta cinematográfica puertorriqueña presentada en salas de cine en esos años, un grupo mayoritario de ellas (cinco de nueve películas presentadas aproximadamente) mostraron un patrón en común y una intención de proyectar historias pasadas. Te invito a darle otra mirada al trabajo que nuestros cineastas y productores han dejado como legado filmográfico.

Selección de Películas:

-*Cuentos de Abelardo* (1990). Director: Luis Molina.

-*La Guagua Aérea* (1993). Director: Luis Molina.

-*Linda Sara* (1994). Director: Jacobo Morales.

-*Héroes de Otra Patria* (1998). Director: Iván Dariel Ortiz

-*Cuentos para Despertar* (1998). Director: Luis Molina.

La década de 1990

Al acercarse el final de un siglo, es de esperarse que un país confronte la historia que lo ha llevado hasta el lugar en que se encuentra, como si se escuchara al unísono el viejo refrán 'recordar es volver a vivir'. El peso de los asuntos políticos, sin lugar a dudas, siempre ocupa un punto central en este regreso. Así queda demostrado en un brevísimo vistazo a la historia.

Cinco siglos atrás, durante la década de 1490, es que España se apodera de Puerto Rico dando inicio a la larga trayectoria colonial de la isla. A esta trayectoria se le abre un nuevo capítulo con la ocupación de la Isla por los norteamericanos en 1898. Estos dos momentos cargados de historia, relaciones de poder y drásticos intercambios culturales, se encargan de matizar la experiencia del habitante nacional permitiendo la integración de diversos elementos en el carácter del País. Curiosamente, ambos momentos se dieron al filo de un fin de siglo, en la década del noventa. De igual forma, en los albores de nuestro siglo XXI, la historia se repite.

En la década de 1990 se produce un interés por reflexionar en los logros y errores del pasado, pero, sobre todo, se percibe una noción de incertidumbre sobre la posición nacional. ¿Cómo ha evolucionado Puerto Rico respecto a su situación política?, ¿es nuestro estatus territorial beneficioso o restrictivo?, ¿existe realmente un poder de decisión en los puertorriqueños?, ¿qué características nos definen como nación?, serán algunas de las muchas preguntas replanteadas y en necesidad de contestarse durante estos años.

Una mirada al panorama nacional en los noventa nos recuerda las consultas y los debates políticos creados con la intención de definir las tres principales fórmulas de estatus. El comienzo de la década nos da los últimos años de Rafael Hernández Colón en la gobernación. Éste ocupó el principal puesto de poder durante tres términos no consecutivos y fue un fuerte defensor del Estado Libre Asociado. Acercándose a la culminación de su gobernación, Hernández Colón, trabajó para destacar el carácter hispánico de los puertorriqueños. Así llegó a firmar la ley que definía el idioma español como idioma oficial y acogió una de las paradas del evento Gran Regata Colón 92, celebración del quinto centenario del descubrimiento de América y Puerto Rico.

Con el 1993 se produce la transición en el poder gubernamental del partido político de ideología estadolibrista a uno de anexión a los Estado Unidos. El joven doctor Pedro Roselló, nuevo primer mandatario, transformó la atmósfera política impregnando ideas basadas en un progreso de grandes proyectos de infraestructura y un desarrollo, reflejo de las grandes urbes estadounidenses. El idioma oficial vuelve al plano político al restituirse el español e inglés durante el primer año del nuevo gobernador. A su vez, se plantean nuevas consultas al pueblo sobre la definición del estatus de la Isla.

La década del noventa se caracteriza además por develar varios casos de corrupción dentro de las instituciones gubernamentales. Legisladores, alcaldes y allegados a los dos principales partidos políticos de Puerto Rico, el Partido Popular Democrático y el Partido Nuevo Progresista, encaran acusaciones por malversación de fondos públicos, lo cual altera el nivel de confianza del pueblo y genera un ambiente de incredulidad hacia estas instituciones. Mientras, el Partido Independentista bajo su ideal patriótico sólo llega a representar a una minoría, que, aunque ruidosa, no deja de ser un reducido grupo.

Los aspectos anteriores, unidos a la celebración del centenario de la llegada de los norteamericanos a Puerto Rico, avivan los antiguos dilemas sobre la identidad nacional. De esta manera, surge otra vez la necesidad de definir la relación entre la Isla y los Estados Unidos y encarar la problemática de confrontar las expectativas no alcanzadas del pasado. Esta mezcla de elementos incide de forma directa e indirecta en la producción cultural e intelectual de la época y revive los fantasmas del pasado en busca de nuevas respuestas al: ¿qué es ser puertorriqueño?

"Flashback": de vuelta al pasado

El 'flashback' o retrospección es el elemento que mejor define la muestra de películas seleccionada en este estudio. Éste, además de permitirle al realizador una gran flexibilidad narrativa, refleja la constancia de regresar a un antes para explicar un ahora. A través de este mecanismo conocemos el trasfondo de los personajes principales, se revelan historias ocultas o se nos transporta al relato de lo ocurrido.

En *Cuentos de Abelardo* (1990), Don Teyo Gracia nos relata tres historias que forman parte del conocimiento popular de un pueblo campesino entre las décadas del 1930 y 1940. Cada historia nos lleva en retrospección a su momento histórico para hablarnos de los personajes del Barrio Alto del Cabro. Conocemos así a Don Procopio, el famoso despedidor de duelos, al noble maestro Peyo Mercé y a Domingo, un obrero de la caña desempleado en el peor momento de su vida.

Con *La Guagua Aérea* (1993), conocemos las historias y dilemas de un grupo de personas, en su mayoría puertorriqueños, mientras viajan en avión de Puerto Rico a Nueva York. La vuelta al pasado se plantea desde el inicio del filme en la narración de uno de los pasajeros de aquel vuelo de 1960, Don Faustino. En este filme se recurre además a la introspección dentro de la introspección, para caracterizar el trasfondo conflictivo de varios personajes que abordan el avión.

Con *Linda Sara* (1994), tenemos el largometraje que mejor ejemplifica la postura del retorno. El pasado marca el paso desde el primer diálogo del film: *"Volver, después de tanto tiempo. La nostalgia se convierte en emoción de reencuentro"* (nos dice Don Alejandro en 'voice-over'). Esta historia se abraza a la retrospección para presentar, a lo largo del film, la historia de amor vivida por Sara y Alejandro, y así entenderlos en su realidad actual. Por encima del recurso del 'flashback', percibimos en cada personaje de la Familia Defilló la carga del pasado y un deseo, casi obsesivo, en mantener la apariencia de lo antes vivido; en vivir a partir de lo que aquel pasado marcó.

En *Héroes de Otra Patria* (1998), los realizadores recurren a un momento histórico que revive el dilema colonial entre Puerto Rico y los Estados Unidos, el conflicto militar en Vietnam. La estructura narrativa del film nos presenta cronológicamente tres momentos, la noticia de la muerte de un vecino en la guerra de Corea en los años cincuenta; la misión de Carlos en el frente de batalla en Vietnam mientras su familia lo espera en Puerto Rico en el 1968; y la reclusión de Raúl en un hospital psiquiátrico luego de la muerte de Carlos. A pesar de no recurrir al 'flashback', la película nos ubica desde un principio en un pasado histórico a través de la rotulación en pantalla del año en el relato.

Por su parte, *Cuentos para Despertar* (1998), retoma algunas de las historias que Abelardo Díaz Alfaro hizo famosas e integra al autor como personaje para contar las vivencias que inspiraron su obra literaria. La trama, que fluye de forma lineal, se remonta a la década del 1940 y nos muestra los contrastes entre la vida en la escasez de la montaña y la abundancia en la ciudad. La vuelta al pasado no se da en la película como recurso de la narrativa, sino dentro de la especificación de la fecha en que inicia la película, 1943 y el texto que aparece al cierre del largometraje. Con este último el realizador quiere traer al espectador a la historia actual de nuestro protagonista lo cual produce el efecto de un regreso al presente.

En un contexto más amplio, las películas que marcaron la producción de los años noventa se postulan desde el recurso de la nostalgia. La vuelta al pasado funciona aquí para revivir desde una óptica romántica las vicisitudes de los puertorriqueños en momentos difíciles de la historia nacional. Ya sea integrados en la crudeza de un conflicto bélico en Vietnam o en las cómicas peripecias de un grupo de boricuas rumbo a Nueva York, la imagen nostálgica y el carácter 'buena gente' de los puertorriqueños salen a flote como aspectos romantizados de nuestra cultura. Estas características concuerdan con la imagen generalizada que se ha planteado del puertorriqueño a lo largo de la historia y que se encuentran estrechamente ligada a su definición identitaria.

Durante la década de 1990, continuamos reproduciendo esta tendencia a formular una radiografía de la identidad puertorriqueña influenciados por imágenes costumbristas y nociones tradicionales que no caracterizan necesariamente a nuestro país. Esta confusión parece venir de la literatura costumbrista cultivada aquí desde el siglo XIX y ejemplificada por la obra 'El Jíbaro' de Manuel Alonso, en la que ser puertorriqueño parecía ser sinónimo de ser jíbaro (del Rosario R., 1984, p. 6).

Otra visión muy presente en la producción fílmica es la propagada por 'Insularismo' de Antonio S. Pedreira en 1934. Su enfoque histórico daba énfasis a tres etapas de la formación de Puerto Rico y cómo éstas delimitaron una serie de perfiles del puertorriqueño. En su ensayo resalta al hispanismo, adjudicado al jíbaro, y minimiza el legado indígena y negro como piezas integrales de la herencia puertorriqueña (Abreu-Torres, 2004).

La recurrencia a un modelo que glorifica al verdadero puertorriqueño con la imagen del campesino queda expuesta en varios de los personajes de las películas aquí presentadas. En el próximo artículo presentaré La Personificación del Puertorriqueño en la vuelta al pasado. Temáticas como la representación de la mujer y el hombre, la religiosidad, el poder y la división de clases serán trabajadas en la segunda parte de esta serie de análisis.

Cine Puertorriqueño e Ideología: la década de 1990 y su vuelta al pasado PARTE 2

Por: Alex Serrano Lebrón - aserranolebron@yahoo.com - 2010

El siguiente trabajo es la segunda parte sobre el cine puertorriqueño de la década de 1990. Este ensayo está basado en la tesis de maestría presentada en junio de 2008 Cine puertorriqueño e ideología: la década de 1990 y su vuelta al pasado.

LA PERSONIFICACIÓN DEL PUERTORRIQUEÑO EN LA VUELTA AL PASADO

En el pasado ensayo discutimos el patrón predominante en la producción del cine puertorriqueño de la década de 1990, uno interesado en redescubrir y representar nuestro pasado nacional. Al adentrarnos al análisis de estas películas nos topamos con una imagen constante que se presenta en toda su corporeidad, y a la vez dota de cualidades comunes a otros personajes: el campesino puertorriqueño.

Nuestro cine nacional de los años noventa despertó las nociones comunes sobre el carácter del jíbaro puertorriqueño. Así, la formación de la personalidad, las virtudes y defectos del isleño fueron expuestos en el medio cinematográfico proyectando en este clásico personaje las diversas caras de un país que se manifiesta en la ambivalencia de su definición política.

Los tres filmes de Luis Molina Casanova utilizados en la selección de películas en este estudio [*Cuentos de Abelardo* (1990), *La Guagua Aérea* (1993) y *Cuentos para Despertar* (1998)] se distinguen por la puesta en escena de un campesino como narrador, mentor o guía. Entre ellos vemos al personaje de Don Teyo Gracia en *Cuentos de Abelardo* (1990) el cual ejemplifica el arquetipo del viejo sabio, aquel que ha vivido lo suficiente para conocer la historia de su pueblo. Don Teyo, el que cuenta cuentos con su hablar 'ajibarao' nos muestra en cada una de sus historias el alma del campesino, su humildad y las lecciones que le ha dejado la vida en la montaña.

En la narración de Teyo, que recurre al 'flashback' para hablarnos de la memoria del pueblo, se nos sitúa desde la mirada del mismo jíbaro para hacernos ver las cualidades del campesino. De esta forma conocemos a Don Procopio, el despedidor de duelos y su astucia al ganarse la vida despidiendo a difuntos y negociando con sus familiares; conocemos al humilde maestro de español, Peyo Mercé y su dilema con el inglés; y a Domingo el campesino que se enfrenta al poder de la central para recuperar su trabajo.

En *La Guagua Aérea* la historia gira en torno al relato de un jíbaro viejo de una noche de navidad en el Aeropuerto Nacional en 1960. Don Faustino comienza a narrar su travesía a Nueva York y las situaciones que vivió con los múltiples personajes que esa noche le hicieron compañía. Nuevamente nos adentramos al desarrollo del conflicto desde la mirada del campesino puertorriqueño y en ella vemos una férrea defensa de lo nacional. Don Faustino iba en búsqueda de su sobrino, su única posibilidad de salvar la finca que sus demás familiares querían vender para mudarse a la ciudad.

Un tercer personaje cobra gran importancia en las películas de Molina Casanova. En esta ocasión se nos presenta un personaje secundario, Arsides, apodado *"el Bobo"*, quien en *Cuentos para Despertar* asume el rol de guía del personaje principal, Abelardo. Éste se convierte en el Sancho Panza de Abelardo y lo dirige a través del desconocido campo que experimenta el protagonista cual voz de la conciencia. Arsides define de forma precisa la manera de pensar del jíbaro, una realista y práctica con la cual logra sobrevivir ante las condiciones precarias de vida en que se encuentra.

La personificación del verdadero puertorriqueño como jíbaro, también se sostiene en los largometrajes *Linda Sara* (1994) y *Héroes de Otra Patria* (1998), aun cuando éstos no proyectan temas específicamente relacionados a lo campestre. Como ejemplo vemos a Alejandro en *Linda Sara*, como un hombre de familia pobre y que ante su situación de arrimado ve imposibilitado mantener una relación con una joven de familia adinerada. El personaje de Alejandro mantiene como constante los valores tradicionalmente atados al carácter del *"jíbaro castao"* o campesino que demuestra valentía (Núñez & Laborde, 1999). Éste aparece como militante del nacionalismo y a través de su ideología política proyecta una rectitud hacia la verdad y la justicia.

Continuando esta línea de pensamiento, Carlos en *Héroes de Otra Patria*, se presenta como el joven soldado que en medio de la guerra cuestiona la autoridad de quienes lo llevaron ahí. En su constante pensamiento, Carlos postula la necesidad de regresar a su tierra, la importancia de su familia y el valor de su patria.

De la misma forma en que quedó evidenciado en el primer ensayo, la mayoría de estos personajes son presentados desde una noción romantizada del pasado. Esta imagen nostálgica del puertorriqueño adjudicada al jíbaro, representa en sí misma una vuelta al pasado. El país fue predominantemente rural durante gran parte del siglo pasado, sin embargo, la mirada desde la última década del siglo XX parecía acoger nuevamente al campesino como su representante nacional.

Aspectos ideológicos de nuestro cine del noventa y su discurso

En el cine puertorriqueño del noventa, los temas más arraigados a nuestra historia nacional sirven de base para el desarrollo de sus tramas. Este es el caso de la condición colonial del País como territorio de los Estados Unidos. La ambivalencia de esta relación, que en su misma constitución como Estado Libre Asociado no define una posición real, se integra en cada una de las películas analizadas.

El maestro Peyo Mercé, en *Cuentos de Abelardo*, tiene que inventarlas cuando el superintendente escolar le obliga a enseñar el inglés, un idioma que no domina y que entiende innecesario para la realidad de sus estudiantes. La historia de Peyo sirve para plantear la imposición de las costumbres norteamericanas en detrimento de las puertorriqueñas. La influencia norteamericana se explora en varios parlamentos del filme: *"A mí no me gusta que me llamen míster. Yo he sido batatero en la Cuchilla, soy un jíbaro de pura cepa como todos ustedes. A mí eso de míster me suena a chicle, a límber y a otras guasaberías que compran por ahí. Ustedes mírenme bien. Yo soy un hombre con la mancha de plátano y enredao' de matojo. Y la honra lo llevó."*

Las líneas anteriores además de demarcar el carácter de Peyo, reafirman su posición sobre lo americano. Para Peyo aceptar el título de míster sería aceptar la necesidad del idioma inglés en su vida de la misma forma en que los niños aceptan los dulces de moda. Existe una necesidad en Peyo de establecer su sentimiento nacional, de asumir una postura ante el carácter invasivo de lo norteamericano.

El personaje de Carlos en *Héroes de Otra Patria*, plantea asimismo un rechazo a la imposición norteamericana de participar obligatoriamente en una guerra para la que no fue consultado. Su postura refleja el sentir de muchos puertorriqueños que participaron con las fuerzas armadas norteamericanas sintiendo que luchaban por una patria a la que no reconocían. Carlos: *"I said: I will die for no good reason. This isn't my war. I'm here fighting for things I know nothing about… or care for".*

De igual forma Carlos se convertirá en la voz de la

conciencia de Raúl en medio de la peligrosa misión, para hacerle encarar la realidad de la guerra. *Carlos: "sabías por qué venías…". Raúl: "claro que sabía por qué venía… Venía a defender un país, a traer un poco de orden". Carlos: "¿Y por qué tú?". Raúl: (titubeando) "¿Bueno, por qué no?... Es mi responsabilidad".*

Como nos dice Emeshe Juhász La *"trayectoria histórica secular del vínculo político formal entre Puerto Rico y los Estados Unidos, […] ha aportado nuevos significados al término 'puertorriqueño' como referente de identidad nacional"* (2003, p. 2). Este aspecto queda en evidencia en el desarrollo de las historias presentadas en *La Guagua Aérea*. La película pone de manifiesto a una generación que buscaba en su migración a los Estados Unidos un escape a sus condiciones de vida, un pedazo del mítico 'American Dream'. En este constante ir y venir, alimentan una multiplicidad de cualidades que diversifican la concepción de la puertorriqueñidad. Así lo expresa una madre soltera 'nuyorican' al preguntársele de dónde es: *"Fíjate, eso es lo que yo quisiera saber"* … *"Si dieran un premio a la más que va y viene, me lo hubiera ganado hace rato".*

Con *La Guagua Aérea* se nos permite una ventana a la experiencia colectiva de las historias que cargan cada uno de los pasajeros. Esa carga metafórica que se sobrecarga y desborda en la gordísima maleta de una de las pasajeras nos permite ver el equipaje: güiros, panderetas, bolsas de arroz y un rayador. Esta imagen nos recuerda las palabras del cincuentón fibroso en el relato de Luis Rafael Sánchez *"si no puedo vivir en Puerto Rico, porque allí no hay vida buena para mí, me lo traigo conmigo poco a poco"* (2003, p. 17).

Así pasamos del taxista que reside hace seis años en el Barrio y ha tenido que hacerse de su espacio en la gran urbe a fuerza de "gasnatás"; conocemos al licenciado borrachón que escapa de un lío público que deja en la Isla; y nos topamos con el *'investor'* puertorriqueño que se avergüenza del compatriota que considera un vago y acomodado.

El personaje de Tita en *Linda Sara*, también nos refleja el dilema identitario del puertorriqueño de Nueva York. Tanto en la isla como en los estados se produce un nivel de discrimen hacia los considerados *'nuyoricans'*.

Su español plagado de anglicismos, su vestimenta y costumbres que se nutren del insumo de dos culturas llevan al puertorriqueño de la Isla a clasificarlos como extranjeros y al norteamericano a verlo como invasor. Ese nivel de discrimen queda evidenciado en la escena del velorio en la casa Defilló. *Mientras unas señoras conversan, Tita les sirve chocolate. Al verla, una de las señoras explica en voz baja y a manera de chisme, que la joven era la hija de José Alfredo, "el segundo de los hermanos, que murió en Nueva York". Sorprendida, la otra le increpó "¿Y a quién la muchachita salió así?"* (Refiriéndose a su apariencia). Situación parecida se refleja en el diálogo de una 'nuyorican', que abordaba su vuelo de regreso a Nueva York en *La Guagua Aérea: "A lo que no me acostumbro es al prejuicio"*.

En *Cuentos para Despertar*, continuamos trabajando con un discurso nacional que denominamos puertorriqueñista, y en el que se entretejen múltiples aspectos patrióticos y referencias a la defensa del campesino y su cultura. De esta forma, Peyo Mercé, el carismático maestro de la Cuchilla, se refiere a su barrio como *"la mejor parte de Puerto Rico, donde todavía queda dignidad y vergüenza"*.

Por su parte, Don Faustino en *La Guagua Aérea*, quien como hemos visto, caracteriza al emblemático personaje del jíbaro se asocia a las cualidades habituales de este personaje, la humildad, el don de trabajar y el orgullo de defender lo que simboliza su campo querido: *"Mire, yo traigo estos jueyes conmigo porque ellos son la esperanza de algo que nadie aquí entendería, y nadie, nadie tiene que meterse en eso. Ni siquiera el presidente de los Estados Unidos, ni Muñoz Marín, gobernador de Puerto Rico"*.

Los largometrajes analizados presentan la interacción de clases sociales altas y bajas, exponiendo las marcadas diferencias entre sí. Con la historia de Don Procopio en *Cuentos de Abelardo* conocemos los dos extremos sociales de los habitantes del pueblo: la clase pobre representada en el entierro a la ligera de Don Triburcio, y la clase adinerada que despedía con cantos y en buenas galas a doña Eduvigis Trinidad De la Fuente.

Por su parte, en *Linda Sara*, reconocemos el pasado acomodado de la familia Defilló antepuesto al presente sin fortuna de la nueva generación. La lucha de clases se da en este filme entre los mismos integrantes del núcleo familiar, pues mientras unos se niegan a aceptar las precarias condiciones económicas en que se encuentran, otros plantean una solución inverosímil al problema.

En el caso de *Héroes de Otra Patria*, la familia de Carlos vive en un barrio humilde del centro de la Isla. A su desesperanza por lo incierto del regreso del único hijo de la familia se le une el problema económico que encaran ante la ausencia de su mayor proveedor.

Este último aspecto refleja otra de las constantes en la producción fílmica del noventa sustentada en los roles de género. Éstos se circunscriben a las costumbres de corte machista que imperan a través de la historia en Puerto Rico. Los personajes femeninos se muestran pasivos e indefensos ante los problemas que encaran las familias.

Pura y Esther (*Héroes de Otra Patria*), esperan que con la llegada de Carlos ya no tengan que comer más sopa y el casero les deje en paz con la cobranza de la renta. Sofía, por su parte, es un personaje indiferente a la situación económica de los Defilló en *Linda Sara*.

Los personajes femeninos en *La Guagua Aérea*, son en su mayoría caricaturas de las clásicas concepciones de la mujer. La doña chismosa que todo lo pregunta; la mujer 'moderna' y seductora, pero escasa de cerebro; la ama de casa frustrada con su marido que ya no la mira; son todas características de una visión privada y pasiva.

En cambio, el rol del hombre se antepone al del sexo opuesto. Dispuestos a presentarse ante el espectáculo público, los personajes masculinos se proyectan como proveedores, cargan el peso de la toma de decisiones y establecen las pautas a seguir por los demás. Veamos algunos ejemplos: Ernesto en *La Guagua Aérea* le recuerda a su esposa en tono molesto que de él morirse no le faltaría nada a ella ni a sus hijos. En *Cuentos de Abelardo*, el negro Domingo intenta recuperar su trabajo ya que es la única fuente de provecho para él y su esposa enferma; y los hermanos Gustavo y Pablo, en *Linda Sara*, son los únicos interesados en resolver la crisis económica por la que atraviesa la familia.

Un tímido acercamiento a la homosexualidad se percibe en el personaje de Sofía en *Linda Sara*. En la interacción de Sofía con su amiga Paula en la velada musical se denotan gestos de secretismo y expectativa que dan sospecha de una aparente relación. Esto, unido al sobresalto de Sofía cuando Gustavo le sugiere que 'se case bien', queriendo decir con un hombre adinerado, dejan ver los comienzos de un tema conflictivo, pero inevitablemente real en el panorama social. A la petición de Gustavo Sofía responde: *"lo que yo haga con mi vida privada, no es asunto tuyo"*. Al final de *Linda Sara*, se propone la tolerancia a esta pareja que ha comenzado a vivir junta y a la que, sin embargo, se le refiere como amigas.

Es de verse en varios filmes el arraigo que tiene lo religioso en la cultura puertorriqueña. Las imágenes religiosas presentes en estos filmes como el Sagrado Corazón de Jesús en *Héroes de Otra Patria* y *Linda Sara*, y la reproducción de la Última Cena en la casa de Peyo Mercé (*Cuentos de Abelardo*), nos hablan de un nivel de religiosidad muy presente en los espacios familiares puertorriqueños.

Sin embargo, la religiosidad en su apariencia también entra en juego como aspecto ideológico de la filmografía de la década del 1990.

En los personajes de Don Procopio y Don Tiburcio se presentan dos de estos casos. En el primero, partícipe en *Cuentos de Abelardo*, se plantea al despedidor de duelos como falso representante de la institución religiosa. Su trabajo es ofrecer los servicios fúnebres y despedir al difunto con los esperados honores de quien fue en vida. Para esto Procopio se valía de un gran discurso, en caso de que se le ofreciera una buena partida de dinero, o un mensaje de despedida más corto y desinteresado al que poco le pagaba. De igual forma, Don Tiburcio asumirá un rol religioso equivalente al de un comerciante cuando en medio de la turbulencia de *La Guagua Aérea* decide abrir su maletín y anunciar en venta sus pequeños santos y rosarios. Todo esto porque como él dice *"la salvación hay que pagarla"*.

Una cápsula histórica del Cine de Luchadores en Puerto Rico

Por: Roberto Mercado - 2022

Cuando hablamos del cine de luchadores inmediatamente nuestra memoria nos transporta al México de los años 50's, cuando en 1952 directores del cine de oro mexicano de la talla de Chano Urueta, Fernando Cortez y Joselito Rodríguez se aventuraron a experimentar y desarrollar este género. Ya para principios de los años 50s, cuando las transmisiones de la lucha libre en televisión se volvían más populares, entonces aparece otro medio que recalcó aún más su popularidad: los cómics, en los cuales aparecían luchadores reales, siendo el primero *"Santo: El Enmascarado de Plata"* creado por José G. Cruz, y los que a la postre se convertirían en Ídolos de la audiencia mexicana. El deseo de aprovechar este nuevo movimiento popular promovió en 1952, la realización de la primera película de luchadores, *"La Bestia Magnifica"*, por Chano Urueta. Ese mismo año, Fernando Cortés dirigió *"El Luchador Fenómeno"*, una comedia protagonizada por el comediante Adalberto Martínez, "Resortes".

David Silva se convirtió en un luchador enmascarado para *"Huracán Ramírez"*, de Joselito Rodríguez, pero hasta este momento, ninguna de las películas antes mencionadas fue protagonizada por un verdadero luchador. Pero no fue hasta 1954 en que el filme *"El Enmascarado de Plata"* dirigido por Rene Cardona y escrito por José G. Cruz (el creador del comic de Santo), que a pesar de que no se pudo contar con la súper estrella de la lucha libre mexicana, Santo, quien era el verdadero personaje del título, por primera vez un luchador verdadero es llevado al celuloide. Esta película cuenta con la particularidad que fue la primera que incluyó elementos del cine fantástico de luchadores que luego se popularizó no solo en México, sino en toda Latinoamérica y Europa. Por otro lado, era la primera vez que un luchador enmascarado rudo llamado *"El Médico Asesino"* aparece en pantalla grande y sustituye al Santo.

Santo debuta en la pantalla grande

En 1958 aparecería la figura más importante del cine de luchadores, protagonista de 52 filmes, *"Santo: el Enmascarado de Plata"* (Rodolfo Guzmán Huerta, 1917-1982) quien por mucho tiempo se negó a trabajar en el cine, pero que, a sus 43 años y ante la insistencia de su gran amigo, el luchador y actor Fernando Osés, rueda dos películas en la Cuba pre castrista, producidas por dicho país: *"Santo y los Hombres Infernales"* y *"Santo vs el Cerebro del*

Mal", ambas de Joselito Rodríguez.

La lucha libre se convierte en un fenómeno de masas en Puerto Rico

Uno de los luchadores más queridos y reconocidos en la historia de la lucha libre en Puerto Rico lo es Carlitos Colón. *"El Acróbata de Puerto Rico"* como cariñosamente se le conocía, nació un 18 de julio de 1948 en Santa Isabel, Puerto Rico. En 1961 emigró junto a su familia a Brooklyn, Nueva York y sería en Estados Unidos donde comenzaría su carrera como luchador. Colón regresó a Puerto Rico a mediados de 1973. El propio Colón junto a Gorila Monsoon y el croata Victor Jovica fundaron para esos años la compañía de lucha libre Capitol Sports Promotions, la cual televisaba carteleras de lucha libre todos los sábados y domingos por WAPA- TV. Él luchó en una época en la que luchadores del patio como Barrabas, Chicky Starr, El Profe y Miguel Pérez compartían el estrellato con luchadores internacionales de la talla del canadiense Pierre Martell, el cubano Huracán Castillo, Hugo Savinovich, entre muchos otros. Su compañía de lucha libre fue la responsable de traer a Puerto Rico a luchadores que luego se convirtieron en leyendas de la lucha libre norteamericana como Randy *"Macho Man"* Savage, Rick Steamboat, Ric Flair, Bruiser

Brody, entre muchos otros.

Esporádicamente esta promotora de lucha libre también traía a Puerto Rico talento proveniente de México como el propio *"Santo"* y *"Mil Mascaras"*, otro popular luchador mexicano de su época de oro. Ya para ese tiempo las películas mexicanas del género de luchadores eran muy populares en los cines y en la televisión de Puerto Rico. En los años 70's espacios televisivos de Telemundo Canal 2 como *"Telecine Mexicano"* y *"Telecine del Terror"* con Manolo Urquiza transmitían películas de este género con bastante regularidad. Gracias a esos espacios, niños de mi generación pudimos disfrutar a través de la pantalla chica de clásicos del género como *"Santo contra los Zombis"*, *"Santo en la Venganza de las Mujeres Vampiro"* y *"Santo contra Blue Demon en la Atlántida"*. De igual modo, en esta época los comics de *"Santo: El Enmascarado de Plata"* se vendían como pan caliente en los puestos de revistas, farmacias y supermercados en toda la isla y gozaban de una enorme popularidad entre los puertorriqueños.

El Cine de luchadores en Puerto Rico

"Sangre en Nueva York" de 1972 y dirigida por José Antonio Torres, es un oscuro filme del género de lucha libre que, aunque fue filmada en Nueva York, su elenco

es mayormente puertorriqueño. Con la participación de Johnny Chévere, Sandra Carlo, José Antonio Torres, El Soberano y el propio Carlitos Colón, la trama narra cómo los luchadores *"El Soberano"* y *"Los Hombres Rojo"* intentan desarticular una peligrosa ganga de narcotraficantes de Nueva York dirigida por el *"Dr. Gandia"* (Johnny Chévere).

La primera película de este género parcialmente filmada en la isla fue *"El Misterio de la Perla Negra"* (1976) dirigida por Fernando Orozco y protagonizada por "Santo" y la actriz española, Mara Cruz. La misma fue una producción española, mexicana y colombiana y utilizó algunos exteriores de la isla como el muelle de San Juan y el casco urbano de Río Piedras para algunas de las escenas de acción.

Santo en Oro Negro: La Noche de San Juan

Para 1977 se estrena en Puerto Rico la primera película del *"Enmascarado de Plata"* filmada totalmente en isla, *"Santo en Oro Negro: La Noche de San Juan"*. Dirigida por el Mexicano Federico Curiel y protagonizada por Santo, Rossy Mendoza, Gilda Haddock y Luis Daniel Rivera cuenta la historia de una base secreta ubicada en una prisión en el Fuerte San Cristóbal en la cual se enviaban órdenes por radio a Nueva York para comenzar la *'Operación Oro Negro'*. En Nueva York, un hombre siniestro (Roberto Rivera Negrón) se introduce en la sala de la directiva de una importante empresa, dirigida por Vanessa del Valle (Gilda Haddock). El misterioso hombre dice que representa a una organización terrorista dirigida por Acuario y que sabotearon las instalaciones petrolíferas a menos que la empresa les pague una enorme suma de dinero. Este filme gozó de mucha popularidad en Puerto Rico y presenta un combate de lucha libre escenificado en el Estadio Juan Ramón Loubriel de Bayamón en la que Santo hace pareja junto a Carlitos y Colón, y se enfrentan a Barrabas y al Hombre Rojo. Aún recuerdo parte de la estancia en Puerto Rico de Santo y se presentó en el popular programa de televisión Cine Recreo con Pacheco de WAPA-TV.

Durante este 2021 se acaba de terminar la filmación de *"Súper Estrellas de La Lucha Libre"* dirigida por el puertorriqueño Eduardo *"Transfor"* Ortiz, la cual será la última adición a este género de cine nacido en México, pero adoptado y querido por toda Latinoamérica.

Historia Del Cortometraje En Puerto Rico

Por: Eduardo Rosado - 2011

Fue en el Ateneo Puertorriqueño. La fecha no la tengo clara. Tuvo que haber sido en el 2003 o 2004. La sala estaba repleta. Estudiantes de la UPR de Río Piedras y de la Universidad del Sagrado Corazón coincidían con un solo fin: ver los cortos de sus amistades o de ellos mismos, los cuales se estarían exhibiendo esa noche. Yo mismo tenía un corto que había sometido. Había un ambiente de curiosidad por ver qué trabajos se mostrarían para ver lo que otros estaban haciendo. Cine. ¿Cine? Sí, cine. Cortometrajes, para ser más precisos. Allí estaba incluso Jacobo Morales, el cineasta más importante de nuestro país junto a la productora más importante de nuestro cine: Blanca Eró. Aunque era solo una exhibición (no competencia), la sola presencia de ambos nos tenía a todos nerviosos. A partir de esa noche, comenzó un auge que hasta el día de hoy veo aumentando. Dicen que la curiosidad mató al gato. A este servidor lo motivó a hacer un reportaje investigativo para conocer sobre los orígenes y comienzos del cortometraje en la isla y de lo que puede ser considerado como el mayor movimiento de cine desde la DIVEDCO.

REFERENCIAS ANTERIORES

El cortometraje existe desde los principios de la historia del cine. Eso todos lo tenemos claro. Las primeras películas de Charlie Chaplin apenas duraban más de 14 minutos. En Puerto Rico la cosa no fue diferente. En 1912, Rafael Colorado ya había realizado cortos cómicos y lo que se considera como la primera película de ficción: "*Un Drama en Puerto Rico*". A esta le siguieron "*El Milagro de la Virgen*" y "*Mafia en Puerta de Tierra*". Es una lástima que no tengamos copias hoy en día de esos primeros filmes. Serían un documento histórico con un valor incalculable. Ya a partir de los 20, la posibilidad de hacer películas de larga duración dejó en el olvido a estas películas cortas, pero no por eso se extinguirían.

A finales de los 40, se crea la División de Educación para la Comunidad, la famosa DIVEDCO. Aunque realizaron un largometraje: "*Los Peloteros*" en 1951 y muchísimos documentales la DIVEDCO se enfocó en hacer películas de corta duración para llevarlos por medio del cine, educación a los jíbaros de nuestros campos. La idea era por medio del séptimo arte educar y llevar a cabo la transición del jíbaro a la ciudad y su modernización. Es preciso señalar que la DIVEDCO fue entonces escuela para muchos. De hecho, aún quedan algunos activos en la industria y discípulos de muchos de estos grandes maestros. De la DIVEDCO salió nuestro gran cineasta, Amílcar Tirado. El hacer cortometraje permitió mantener continuidad, productividad y taller. Aquí se educaron y entrenaron técnicos, cineastas y actores. Pero…

La DIVEDCO fue un esfuerzo gubernamental. Debemos buscar esos esfuerzos independientes. Esas películas que se hicieron con el solo deseo de un director coger la cámara y contar algo con ayuda de amigos. Muchos amigos. En Puerto Rico hubo cortometrajes antes del boom del 2004, causado como ya sabemos por el digital. Incluso antes de los primeros cortos que se empezaron a hacer en los 90. Y para ello nos remontamos a los 80 y observamos un esfuerzo: EL TALLER DE CINE LA RED.

TALLER DE CINE LA RED

En Puerto Rico, el cine tuvo su época de oro en los 60 y principios de los 70. Y durante los 60 y 70 se hicieron algunos cortometrajes. Pocos saben que Efraín López Neri realizó varios cortos en formato 16 mm. De hecho, López formó un grupo llamado Cine Experimental, donde en 1963 realizó el cortometraje "*El Corral*", de 18 min. José Rodríguez Soltero realizó varios cortometrajes en 16 mm hasta que en 1970 Jacobo Morales realiza junto a Víctor Cuchí *"Cinco Cuentos en Blanco y Negro"*. Se dice que éste es uno de los mejores cortos hecho en la isla. A principios de los 70, José *"Pepe"* Orraca organizó el Taller Bohite, compuesto por 20 miembros. Para ese entonces Orraca era un estudiante del Departamento de Drama de la UPR. En esa década de los 70, fuera de Puerto Rico, en México, los cineastas Douglas Sánchez (*"Cualquier Cosa"*, 1979) e Iván *"Chiván"* Santiago (*"Talento de Barrio"*, 2008) realizaban lo que denominaban fotonovelas y algunos cortos de crítica social.

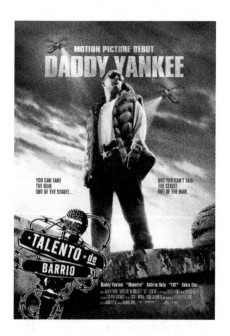

Una vez que decae el cine en la isla a mediados de los 70,

Jacobo Morales lo resucita con "*Dios los Cría*" en 1979. La historia de Morales es de admirarse. Sin dinero, pero con ganas de hacer una película, convence a un par de amigos, afectándolos con su locura de hacer cine.

¡Fue un germen! Técnicos y actores se pusieron de acuerdo. De hecho, los actores fueron en su mayoría productores ejecutivos del filme al poner su dinero para llevar a cabo la película. ¿Diferente ahora? Solo imaginen el cuadro: un Jacobo Morales junto a un grupo de panas (Miguel Ángel Álvarez, Chavito Marrero, Gladys Rodríguez, Norma Candal, Esther Sandoval, Daniel Lugo, entre muchos otros) deseosos de hacer cine, salir de la rutina del teatro y la telenovela: ¡CINE!

Morales pensó bien. Hacer un largometraje trae unas complicaciones. Esto no quiere decir que hacer un corto sea fácil... pero, se presta más para lo cotidiano, lo común. Es más práctico. Morales escribe entonces cinco historias. Cinco cortometrajes que componen una película. Morales entendía la importancia del medio. Años después comentará: "*No faltan aquellos que, deslumbrados por la fama, el autógrafo o la alfombra roja, pretenden hacer, en lugar de un corto, un largometraje, sin haber recorrido el camino de la experiencia. Y eso no se debería permitir*". Así que el cortometraje se convierte, a falta de un lugar donde se eduque en cine, en la Escuela de Cine para todo aquel que quisiera hacer cine. Y como todo acto de locura, que es como el catarro: se contagia. Así se esparció nuevamente esa enfermedad, esas ganas apasionadas pero irracionales de hacer cine. 1979 puede ser el año en que podemos oficializar o destacar, como un momento específico en la historia del cortometraje en Puerto Rico.

Jóvenes cineastas y realizadores, llegando de cursar estudios en cine en otros países o con el simple deseo de hacer cine, aprovechan el formato Súper 8, accesible, económico, para hacer películas cortas. Muchos de estos eran o habían sido estudiantes de la UPR y todos, habían vivido de una u otra manera las turbulencias y huelgas de la UPR durante la década de los 70. Esto causó que estos jóvenes cineastas hicieran un cine social, pertinente y con algo que decir. La cámara era el arma de estos soldados de la cinematografía. Antonio Rosario Quiles realiza "*El Arresto*" en 1981, que se basaba en los hechos históricos del arresto de Pedro Albizu Campos en la década de los 50. Curioso que su segundo corto sea uno titulado "*Cimarrón*", el cual nos presenta la historia de un esclavo huyendo de su amo mientras busca su libertad. De esta manera antecede al filme "*El Cimarrón*" de Iván Dariel

Ortiz en el 2007. Como dato curioso, el cineasta Diego de la Texera funge como Director de Fotografía de este corto. La hoy profesora Teresa Previdi realizó en 1987 "*Los Ángeles se han Fatigado*", basada en la obra del maestro Luis Rafael Sánchez. Noel Quiñones, Juan Carlos García, Moncho Conde, Carlos Malavé y Paco López fueron varios de los que tuvieron su taller durante la década de los 80 con el cortometraje y el formato súper 8. Paco López merece un aparte al trabajar el cine de animación, entre ellos "*Las Plumas del Múcaro*" de 1989. El corto de López presentaba el cuento folklórico de la tradición oral recopilado nada más y nada menos que por nuestro maestro Ricardo Alegría. Tuvo un costo de $80 mil. Fue un proyecto que recibió diversos reconocimientos a nivel mundial. Que no se nos olvide que el maestro Jack Delano ("*Los Peloteros*, 1951) realizó junto a la artista y cineasta Poli Marichal ("*Ladrones y Mentirosos*", 2007) el cortometraje "*Sabios Árboles, Mágicos Árboles*", también animado. Marichal realiza posteriormente en 1988 "*Los Tres Reyes Magos*", corto animado.

El mayor movimiento en súper 8 y en cortometraje se da bajo el Taller de Cine La Red. Este grupo fue formado por un grupo de jóvenes cineastas deseosos de hacer cine. Este colectivo de artistas estuvo activo por un lapso de

10 años haciendo diversas producciones, no limitadas solamente al cortometraje.

El grupo fue fundado a finales de 1981, según nos comentó Eduardo Cánovas, uno de los fundadores del colectivo. Cánovas tuvo una conversación con María Cristina Rodríguez (hoy en día es crítico de Cine para Claridad), quien lo puso en contacto con Joaquín "*Kino*" García. Entró Carlos Malavé, Poli Marichal y Mariem Barreto. Luego se acercaron Aixa Méndez y Jeanette González. Cabe mencionar también a Oscar Colón y Waldo Sánchez, quienes formaron parte de ese núcleo de cineastas que le dio vida al Taller de Cine La Red. José Artemio Torres le dio apoyo al inicio para gestionar el colectivo. Ese grupo de personas formarían lo que sería el grupo inicial del colectivo. Posteriormente, se unirían otros cineastas, entre ellos Poli Mariscal, quien sería una de las más destacadas. Al año siguiente, el colectivo comenzó a hacer muestras y exhibiciones de Cine Súper 8, donde se podían apreciar los trabajos de estos cineastas. En 1983 de hecho, la muestra fue dedicada a la memoria del maestro y cineasta Luis Buñuel, quien había fallecido ese mismo año.

"Hubo presencia internacional desde el principio con la ayuda de la Federación Internacional de Cine Súper 8 con sede en Montreal y

Bruselas." nos comenta Cánovas. *"Se llevaron filmes de Puerto Rico a distintos puntos como Canadá, Venezuela, Brasil, Argentina, España, Bélgica, Estados Unidos, Inglaterra, etc., fue un momento bien intenso y productivo. Luego con la llegada de la tecnología digital se hizo realidad nuestro empeño de hacer producciones independientes de bajo presupuesto y de calidad... Esta llegada digital y su acceso a los portales en la red como YouTube, Vimeo, etc. fue finalmente una reivindicación de nuestras posturas superocheras originales."*

"Lo que más recuerdo era su entusiasmo." Nos dice María González, actriz de teatro que pudo coincidir con el grupo durante esa década. *"Recuerdo que utilizaban cámaras Súper 8, que no recibían ayuda y sufragaban sus gastos, que no filmaban por filmar si no para decir algo"* y que los temas en aquella época se consideraban controversiales. En los ochenta se sentía el ambiente de carpeteo y ellos a veces se veían preocupados, pero eso no los detenía.

"Los conocí mediante una presentación en la que actué en la obra de Moncho Conde llamada Salí del Caserío que se presentó en el desaparecido Teatro Sylvia Rexach de Puerta de Tierra. Deduzco que hablaron con Moncho para hacer un cortometraje en la Barriada La Perla (yo hacía de una doña)." Aunque González nunca vio el trabajo en el que participó recuerda que *"Cuando terminaron de grabar me invitaron a una reunión y luego*

a otra. En éstas es que me entero que el Taller de Cine La Red había enviado a varios festivales el documental que grabaron de la intervención policiaca en los terrenos "invadidos" de Villa Sin Miedo, en el cual hubo violencia cuando llegaron los agentes a sacar a la gente. Solo pude ver un pedacito del documental y para mí fue increíble como ellos se arriesgaron para grabar lo que estaba pasando. Me enteré que habían ganado dos premios con este trabajo, uno en Sao Paolo, Brasil y el otro en Montreal, Canadá.". González perdería contacto posteriormente con el grupo.

Del corto que menciona González, Cánovas nos indicó que el filme se finalizó bajo la dirección de Carlos Malavé (quien conserva todavía esos videos). Ese corto en particular no fue hecho en súper 8, sino en video. Para 1985, Cánovas sale del colectivo, pero Kino García lo continúa hasta 1991. Cánovas realizó varios cortometrajes y documentales, siendo el primero "*El Lustre*" en 1980, en México. Luego realizó seis cortos hasta antes de retirarse en 1985 del medio.

Hago un aparte para resaltar dos cosas que me llaman la atención. La primera es que este grupo de cineastas, comienzan a realizar un cine no solo de contenido, sino de un contenido regional, nacional. Las historias eran de aquí y era cine que tenía algo que decir. Eso es algo que durante los últimos 10 años (2002-2012) no tienen la mayor parte de los cortos que se están o estuvieron haciendo. Lo segundo es que tan temprano como el 1982, este colectivo habla de un Cine libre. En una carta circular de ese entonces, el colectivo hace mención de no ceder al empeño de los realizadores. *"Nuestro sueño de un cine libre, hermoso, continuo y contundente"*. Eran cineastas con un propósito más allá que el de hacer cortos. Estaban definiendo y liberando a nuestro cine de cadenas. En el 2008 Roberto Ramos Perea publicó el Manifiesto Cine Libre. Este segundo aspecto vale la pena señalar que el cine de cortometraje de hoy en día lo ha perdido. Los jóvenes cineastas del país viven con el sueño de Hollywood, y sus cortos (copias de filmes de allá) o con temas que no nos identifican, sufren de no tener pertinencia. Al final, son cortos sometidos a la dictadura de unas reglas y fórmulas de un cine que no tiene que ver nada con nosotros. A diferencia de los jóvenes cineastas de hoy día, estos cineastas del Taller La Red, tenían cojones al momento de hacer cine. Su cine. Y que este cine no se pareciera al de ningún otro o solo fuera cine bonito o con tomas que se vieran brutales. Era cine que definía estilo.

En 1985 apareció un segundo colectivo en Ponce, llamado La Guancha. Hacían cortos animados. Poli

Marichal realizó varios trabajos que resaltan sobre los demás, siendo reconocida con premios en una gran cantidad de festivales. Pero con la llegada del video el súper 8 poco a poco comienza a decaer. Muchos de los miembros del Taller de Cine La Red continúan activos. Moncho Conde se mantiene haciendo teatro y cine social en comunidades marginadas, exponiendo a los jóvenes desde temprana edad al arte. Carlos Malavé es hoy día el Prof. Malavé, dando clases en la Universidad del Sagrado Corazón y en la Universidad de Puerto Rico, trabajando freelance para agencias de publicidad. José Artemio Torres montó su casa productora La Linterna Mágica con la cuál realiza documentales y actualmente el Festival de Cine de San Juan. Poli Marichal actualmente radica en Los Ángeles casada con el cineasta Ricardo Méndez Matta. En el 2007 realizaron el filme "*Ladrones y Mentirosos*", que estrenó en cines del país. Joaquín "*Kino*" García fue nada más y nada menos que el primer historiador en realizar un libro de historia de cine de Puerto Rico en la década de los 80, siendo todavía hasta el día de hoy el único texto que tenemos que recopilar la historia de nuestro cine nacional. Una labor y obra pionera sin duda, si tomamos en cuenta que paralelamente a la realización de este libro hacía cine y respondía a sus labores personales y profesionales. Fue el súper 8 y el cortometraje de la Escuela de Cine de la época, como lo fue la DIVEDCO para los grandes maestros de esta generación de cineastas. La llegada del video abrió las posibilidades para otra cepa de cineastas de los cuales hablaremos en una segunda parte.

A 100 Años del Teatro Olimpo/Paramount de Santurce: Patrimonio Histórico de Santurce que pide a gritos una segunda oportunidad.

Por: Gabriel Berdecía Hernández - 2022

Un nuevo teatro ha sido construido en la parada 19 de la avenida Central (Ave. Ponce de León) de Santurce. El Olimpo se ubica justo frente al antiguo Departamento de Salud haciendo esquina con la calle Duffault.

Su estructura consiste en un edificio de 3 niveles con techo en dos aguas diseñado bajo el estilo: renacimiento griego clásico. Su arquitecto fue el señor Francisco Valines Cofresí.

El propietario original fue Manuel Paniagua Oller quien presidía la Porto Rico Theatrical Corp. Junto a su hermano Reinaldo Paniagua como vicepresidente y Eduardo González como tesorero.

El teatro tenía cabida para 1,100 personas convirtiéndose en el coliseo más grande de Puerto Rico en su época y también el de las Antillas, según la revista Puerto Rico Ilustrado.

Un reportero del periódico El Mundo visitó el teatro días antes de su inauguración. Éste comentó que el teatro estaba iluminado con tanta brillantez, que parecía uno de los teatros que se levantan en la calle 42 de Broadway y que son, por aspecto, maravillosas de estructura. Lo comparó, también, con el teatro Capitol de Nueva York del cual se dijo que no tenía nada que envidiar.

-El viernes 20 de enero de 1922, el teatro Olimpo abrió sus puertas al público general estrenando la película de la Universal *"Conflicto"* de Priscila Dean (1921). La película fue acompañada con una orquesta de 25 maestros. El programa inaugural duró una semana presentando distintos estrenos cada día.

-El Olimpo fue reconocido como el templo del cine mudo en Puerto Rico, pero todo esto cambió cuando el 1ro de febrero de 1927, el teatro adquirió un nuevo aparato que sincronizaba la película con sonido aparte. Se llamaba el Phonofilm y según las críticas a nivel mundial, el invento fue un total fracaso por sus dificultades al momento de correr el sonido y la película al mismo tiempo. Este acontecimiento se considera uno de los antecedentes al cambio del cine mudo al sonoro en Puerto Rico.

-En 1928 un joven llamado Rafael Ramos Cobián viajó de Coamo a San Juan para ser el nuevo administrador del teatro Olimpo de Santurce.

-El 13 de junio de 1929. El cine inauguró un nuevo sistema de sonido bajo la marca Western Electric Sound siendo este lugar en convertirse en el primer teatro en proyectar una película sonora de esta índole en todo Puerto Rico. Este sistema revolucionó la industria en todo el mundo y rápidamente el país no se quedó atrás presentando por primera vez la película hablada y cantada de la M.G.M. titulada: *"La Melodía de Broadway"*.

-En el 1932, Rafael Ramos Cobián, Julio Bruno y Eduardo G. González unieron fuerzas para crear la United Theaters Inc., fusionando varios teatros de San Juan incluyendo el cine Olimpo.

-En septiembre de ese mismo año, Puerto Rico sufrió un gran huracán provocando un gran desastre al teatro. Todo su techo colapsó y la estructura sufrió daños graves. Cobián decidió levantar nuevamente el cine, pero esta vez con la ayuda económica de la Paramount Pictures. Como parte del trato, el cine Olimpo pasó a llamarse el cine Paramount. El renovado teatro fue reinaugurado un 2 de junio de 1933 con la película *"Adiós a las Armas"*.

-Fue en el Paramount donde se estrenó la primera

película argentina con sonido titulada: *"Tango"* y a su vez la primera película sonora puertorriqueña: *"Romance Tropical"* en el año 1934.

-El 3 de abril de 1935, hizo su debut inaugural en Puerto Rico el cantante argentino Carlos Gardel. Este se presentó en el teatro Paramount llenando el lugar a su máxima capacidad. Según anécdotas escuchadas, más de 1,300 personas quedaron fuera del teatro. El cantante se asomó por una de las ventanas para saludar a su fanaticada, y como medio de agradecimiento les regaló una canción titulada *"Caminito"*.

-El grupo de nacionalistas españoles quienes apoyaban al líder Francisco Franco organizó una actividad benéfica con el propósito de recaudar fondos para los hospitales. Por tal razón, la actriz Imperio Argentina visitó el teatro Paramount para participar en la actividad.

-En 1940, la United Theaters Inc. pasó a convertirse en la Cobián Theater Inc.

-En junio de 1940, el teatro Paramount estrenó la película *"Rebecca"* siendo ésta la primera película estadounidense de Alfred Hitchcock. Ramos Cobián invirtió 5 páginas de publicidad en el periódico El Imparcial para el estreno de esta película, algo nunca antes visto.

-En el año 1941, el teatro Paramount inauguró su primer sistema de aire acondicionado.

-En 1947, Cobián se divorció de su esposa Rita Santiago, como parte de los arreglos de divorcio, el teatro Paramount pasó a manos de Santiago. Sin embargo, Cobián siguió administrando el lugar por medio de un contrato de arrendamiento.

-En 1968, el teatro Paramount pasó a manos del hijo mayor de Ramos Cobián y éste creó la Cobián Jr. Enterprise Inc., además, administró el teatro Lorraine de la parada 15 en Santurce.

-En 1980, la United Artist Inc., compró el Paramount convirtiéndolo en 3 salas. Dos en el primer nivel y uno en el segundo. Este nuevo cine Multiplex se convirtió en el tercero en Puerto Rico de este tipo.

-La United Artist Inc., se retiró del mercado en 1999 vendiendo el teatro a Caribean Cinemas.

Luego de su cierre, el teatro se ha mantenido cerrado. Para el año 2008 como parte de los esfuerzos de rehabilitar la zona de Santurce varios legisladores comenzaron un proyecto de remodelación del teatro que terminaría para el año 2016. Sin embargo, el proyecto se quedó sin fondos y la obra no se pudo terminar. Y allí está el teatro Paramount cumpliendo sus 100 años siendo este patrimonio histórico de Santurce que pide a gritos una segunda oportunidad.

Manifiesto Cinelibre

Por: Roberto Ramos Perea - 2008

El cine puertorriqueño tiene un gravísimo problema; quiere parecerse al cine gringo. Y por ansiar eso, nuestro cine enfrenta el peligro de volverse irrelevante, de carecer contenido, lenguaje propio y pertinencia; y ya pronto, si no le apostamos sobre la historia de la nación que le da origen, si no le exigimos su propia identidad, si no lo liberamos... se volverá inútil.

Así, sépase que el cine puertorriqueño no ha reclamado su independencia. Que nuestro cine no ha sido libre. Que la libertad de nuestro cine no es sólo reclamar independencia económica, ni mayoría de edad, ni máscara altruista de buena fe, ni mucho menos creerse pichón de industria

Toda nación sobre la tierra tiene un cine. Y sobre imágenes en movimiento una nación define su carácter, asegura su historia, habla de sí misma, se contradice, se interpreta o se informa en su gloriosa identidad. Pero esa voz puede ser intervenida por miles de maneras; estado, censura, imperios, globalización... y sobre todo las peores intervenciones son su propia insuficiencia económica y su propia pertinencia para existir o crearse.

Pero... cuando un cineasta puertorriqueño toma una cámara y sin pedirle permiso a nadie, sin un centavo en su cartera y con la millonaria riqueza del amor de sus amigos igual esperanzados que él... nos cuenta una historia en la que importa mucho más su contenido que su forma o su expectativa, entonces creamos cine independiente puertorriqueño: cinelibre.

Nuestro cinelibre no será jamás como "los otros." Nosotros somos como somos y podría invertir miles de páginas tratando de definir cómo somos, pero en ninguna de ellas encontraremos que el simple hecho de no querer ser como los demás sea un defecto.

Nuestro cine es. Es cine puertorriqueño. Y existe desde que se inventó por allá por el inicio del siglo XX como una forma poderosa de expresión nacional.

Parecernos a otro es dejar de ser nosotros. Y hace tiempo que empezamos el camino hacia nuestro cine nacional y ya estamos prestos a vivir plenamente lo que es cinelibre.

Ya no quiero manifestar a viva voz algo que ya existe, quiero manifestar a los cuatro vientos, que eso que existe sea ante todo libre. Vociferó una libertad ganada en la sangre y el fuego de los grandes Maestros del nuestro cine... Grito por despertarnos, para que miremos cómo la condición colonial de nuestro pueblo hasta en nuestra manera de ver el cine. ¡Y hay que sacudirse de una vez y para siempre!

Puerto Rico es un país invadido y ocupado que lleva más de 500 años luchando por su libertad soñada. La lucha por esa libertad, por la afirmación de un ser nacional que no morirá nunca quedará expresada en ese cinelibre de maneras potentes, sonoras, atronadoras. Es un cine que tira la raya: nosotros a un lado. Los gringos en otro.

Es un cinelibre porque su contenido es PERTINENTE, porque importa verlo AHORA. La pertinencia es aquello que nos obliga a verlo. Y esa pertinencia la define el espacio que se visita, cuando se visita y por qué. Cinelibre visitará continuamente la historia social y política, y sobre todo la guerra cultural. Finalmente ganó la batalla del idioma. Finalmente, ya el cine puertorriqueño se liberó de la absurda necesidad de filmarse en inglés para complacer al gringo y que el gringo nos "comprase". En estos contenidos, el cinelibre hablara de nuestras calles y residenciales jodidos por el crimen y la droga, de nuestras familias destruidas por la ambición y el individualismo, de nuestros despojos de las guerras del imperio, de nuestras instituciones públicas corrompidas hasta el tuétano por el partidismo y la hambruna económica, de nuestra sangrienta historia política, hablará también de la esperanza, de riza, de sueños, de reconciliación, y lo hará con la más destemplada angustia o el más agrio humor.

No creo, como se dice por ahí, que nos falten ideas para nuestro cine. Nos sobran. Nos inundan, nos exceden.

Podemos filmar todo lo que somos si somos libres.

Si somos libres podemos trascender hasta la esencia de lo que somos —cosa que no hemos hecho plenamente todavía— y filmarlo… no sólo por el entretenimiento, o por la historia, o por el arte, sino PORQUE EL CINELIBRE ES UNA FORMA DE CONOCERSE. Y para el puertorriqueño es URGENTE conocerse. En tanto, esta ansia de saber quién se es, es pertinente, urgente, imprescindible, vital.

En esas imágenes en movimiento está la memoria de nuestro de íntimo y verdadero gesto grabada para siempre- distinto al amado teatro que sólo nos graba la palabra- el cine nos graba la sublime desnudez de la mirada, la mirada hacia nosotros mismos.

Pienso que el mayor atributo del cinelibre es su capacidad para la búsqueda. En el lenguaje cinematográfico nacional está implícita y a veces muy evidente, la búsqueda de la maravilla. Nuestro paisaje, ciertamente maravilloso como paisaje latinoamericano…. Es, además de su explosivo color, aún misterioso y virgen. Tal vez por eso se vendió como "exótico" desde 1919. Pero esa variedad no está sólo para regocijarse en ella, sino para convertirla en voz de ese lenguaje. La lluvia, el sol, el agua, el verde, las calles de la ciudad vieja, nuestra noche alumbrada, todo ello son los fonemas de un lenguaje que estamos buscando y que hemos rasguñado con éxito a veces.

Lo que se busca siempre es afirmarse, es saber quién se es, celebrar un descubrimiento, una maravilla pequeña, una reconciliación con uno mismo…

Si a una nación la define su cultura, ¿cómo el cinelibre define nuestra nación? Se define cuando se piensa y se afirma cuando se hace.

Hay muchos cineastas en Puerto Rico pensando en el cine nacional.

Hay en algunos cineastas puertorriqueños una suerte de asfixia furiosa. Una súplica por un arte diferente. Cansado de complacer estructuras ajenas, se lanza a la aventura del error. Equivocarse a veces no es errado. Esos son los guerrilleros de cinelibre.

No se equivoca quien se valida de su identidad. No se equivoca quien se afirma en la nación y sobre la nación crea.

En Puerto Rico, el reclamar el ser urgente. El cinelibre es un reclamo del ser.

El cinelibre no se preocupará tanto por sus "buenas luces" más por lo que dice y representa. El cinelibre no será artificio. Será realidad, será verdad.

El cinelibre tiene muchas películas que lo representan, porque representan a la nación de muchas formas. Ha sido una obra de riesgo y de sacrificio. Ha sido una hazaña tras 500 años de coloniaje y opresión. Sigue siendo una hazaña hablar de lo puertorriqueño en medio de una nación invadida y ocupada como la nuestra. Y más que hazaña, deber.

El cinelibre cumplirá airoso ese deber. En su victoria podremos con los ojos desnudos, con los ojos del alma. Y entonces, sólo sabremos que es Puerto Rico quien lo inspira.

Entonces sabremos que somos puertorriqueños porque el cine, como el espejo de nuestra conciencia y memoria de nuestra civilización, no los dirá.

¿Quieres hacer cine? Abróchate el cinturón entonces

Por: Benji López - 2011

Amigos, colegas y lectores

En estos últimos meses he sido invitado a ofrecer charlas a estudiantes y gente que aspira a entrar al negocio del entretenimiento, especialmente en el cine. Yo cordialmente acepto y lo hago con mucho gusto porque es algo que me apasiona, me gusta orientar al público y a los aspirantes a hacer y participar en cine de cómo son las cosas en realidad. Muchos piensan que todo es color de rosa y que debe ser glamoroso y fácil hacerlo. Quizás me ven sencillo, un tipo común y dicen ¡ahh! yo puedo hacer lo mismo y quizás mejor. Y pues quizás sí, muchos de ustedes tienen el potencial de hacer lo que yo y mi socio Eduardo Correa hacemos. Hasta quizás de hacerlo mucho mejor. Pero el cine no se trata solo de agarrar una cámara para filmar algo, esa es la parte fácil. Hoy día hasta con una cámara de fotos, un par de panas actores y una computadora se hace un corto o una película con una increíble calidad que hasta podría retar a las grandes producciones de Hollywood en ocasiones. *"So what?"* la tecnología así nos lo permite y está al alcance de cualquier persona. Pero eso no es todo lo que se requiere para tener

217

éxito en este negocio. Y digo negocio porque al final del día si quieres exhibir en las salas de cine comerciales tienes que acordarte que esto es un negocio. Especialmente para las cadenas de cine.

Los dueños de cadenas de cine en Puerto Rico y cualquier parte del mundo no están ahí para apoyar a sus cineastas locales solo por apoyarlos y el público tampoco va al cine para apoyar a sus cineastas locales.

La cadena de cines está ahí para vender boletos, para vender Pop corn, dulces, refrescos y rentar sus salas en eventos especiales. Están para hacer NEGOCIO con sus salas de cine. Ustedes cineastas alguna vez se han preguntado... ¿Cuánto le cuesta a la cadena de cines correr la operación de sus teatros? Nómina, gastos operacionales, luz, agua, patentes, contribuciones, mantenimiento de equipo, mantenimiento de los edificios, limpieza etc., etc. Es una operación muy costosa. Por ende, ellos tienen que asegurarse que en sus salas de cines haya películas que sean atractivas para el público, que cumplan al menos con los mínimos estándares de calidad de audio e imagen y lo más importante, que sean capaces de atraer a la audiencia. Al final del día eso es lo que la cadena de cines está buscando.

El público por otro lado sale de sus casas para ir al cine a buscar una experiencia principalmente de entretenimiento. El público busca reír, llorar, olvidarse de sus problemas y sumergirse en una historia ya sea absurda, fantástica, emocionante o profunda. Recuerde que el público tiene alternativas cuando se paran frente a los posters y deciden qué película ver. Y el público sabe que al final del día esos $5, $6 o $7 dólares que tienen en su bolsillo más valen que lo inviertan bien y que reciban lo que desean. No es cuestión de apoyar porque son boricuas y se supone que apoyemos lo nuestro, NO... Si usted piensa que el público entrará simplemente por apoyarlo o quizás por pena, está totalmente equivocado.

Es su trabajo como productor, escritor y director asegurarse que vas a tener el "*mollero*" económico y experiencia para pulsear mano a mano con los grandes titanes de la industria que son los estudios de cine.

Los estudios de cine tienen el dinero, la relación establecida con los teatros y los recursos mediáticos para atraer al público más efectivamente que un productor independiente. Y si piensas que tu película independiente no compite con las de Hollywood por el hecho de ser local y pequeña... te has vuelto a equivocar. Cuando veas los resultados del "*Box Office*" "*la taquilla*" y te des cuenta que Batman o Spiderman estaban llenas a capacidad y a tu película solo entraron un par de panas o gente que se quedó afuera de otra película por falta de asientos y no les costó más remedio que entrar a tu película. Es ahí cuando te impactará el primer "*reality check*" de lo duro que es este negocio. Odiarás las películas comerciales como "*Twilight*", "*Paranormal Activity*" y muchas más, desearás dedicarte a otra cosa, insultar al público por no apoyarte y quizás te quieras hasta quitar y no volver a hacer cine. Lo sé porque me pasó y lo sigo viendo pasar con otros colegas.

Yo espero no sonar pedante y altanero con esto. Tampoco quiero creer en él más que sé porque aún sigo aprendiendo día a día. Solo quiero abrirle los ojos y hacerles ver cuál es la realidad de este negocio. Yo quiero una industria de cine sólida en mi isla y quiero vivir a tiempo completo de mi arte. Pero si seguimos metiendo la pata o lanzándose al vacío sin paracaídas, eso no sucederá. Hay que aprender a ser objetivos y realistas. Sin olvidarnos de ofrecer calidad y originalidad. El cine no es un juego. El cine es arte, pero a la vez es una industria y como toda industria tiene que haber negocio.

Es por esta razón que algunos cineastas se cuestionan por qué algunos proyectos se exhiben en las salas y por qué otros proyectos que ellos entienden que tienen más calidad que los que sí han estado en cartelera no llegan a exhibirse. *"¡Ahh! debería ser la misma oportunidad para todos"*... *"Hay preferencias con unos y otros no" "Siempre los mismos..."* etc., etc. He escuchado de todo…

¡Mi gente! Si quieres hacer cine, tienes que venir con la mente de competir y aplastar a Hollywood. Suena difícil pero no es imposible. Se trata de escoger bien desde el principio el proyecto que vas a hacer, hacer tu asignación de saber qué cosas son las que atraen al público, ya sea en el Horror, Acción, Drama, Comedia o Suspenso... Cualquier género puede tener éxito. Y entonces hacer una buena película. Luego la otra mitad del trabajo es moverte a promocionarla y no hablo de postearla en Facebook y hacer una o dos entrevistas en periódico. Hablo de una campaña agresiva en los medios, radio, tv, prensa escrita e internet. Un plan maestro... mucha perseverancia y vestirse de paciencia. Sabiendo que tendrás que cargar con uno de dos sacos, el de ganar o el de perder.

¿Que no tienes dinero? ¿Y quieres hacer cine? ¡Abróchate el cinturón entonces! *"It's gonna be a bumpy ride"*

10 Ideas Para Hacer Cine En Puerto Rico

Por: Eduardo Rosado - 2010

Aquí les dejo una lista de 10 cosas que en la historia del cine en Puerto Rico han resultado exitosas o bien acogidas por el público y que parecen no fallar. Adicional, pensé en cosas que aún no se han tratado y que quizás podrían dar resultado. Aunque personalmente creo en que el cine no debe atarse a reglas, comparto esto a los que les pueda parecer interesante y como tema de debate. Son puntos debatibles que trataré de sustentar con los datos históricos de nuestro cine. Tuve que mencionar títulos de películas y nombres de actores. Es difícil pedir que no lo tomen personal. Pero les aseguro que mi intención no es ofender, así que pido disculpas si alguien se ofende con el contenido. Sobre los puntos, claro que puede haber excepciones, así que, por favor, no los tomen como absolutos. En ciertos puntos, di mi opinión personal, la cual también está abierta a debate. Opiniones, ya sea para contradecir los puntos o abundar en ellos son más que bienvenidas. Me gustaría que si van a debatir uno o el artículo entero abunden sobre el por qué, den ejemplos y estén abiertos a entrar en discusión. No lo hace cuando alguien te contradice un punto, te explica vagamente el por qué, y cuando le cuestionas o le contradices nuevamente, se quita de la conversación. También que todos estemos claro de que muchas de nuestras opiniones (como los puntos que expongo) se basan en percepción ya sea adquirida profesionalmente (por los años de experiencia) o por referencia histórica. Eso no necesariamente lo hace cierto, o funcional. Pero claro que podemos traer a colación nuestras opiniones sustentadas por ellos. También sería chévere si se les ocurren otras ideas fuera de las que propongo. Me gustaría pensar que el artículo puede ser útil, aunque sea para referencia.

10. Baja humilde.

No llegues pensando que tu película será la que cambiará el cine puertorriqueño. Que tú película sea un exitazo. Que tú película guste. No solo te ganas el apoyo de colegas así, si no que la entrada al público es más sutil Cuando bajas con una producción pomposa y se vocifera mucho, el resultado no será provechoso o beneficioso y quien sabe si pudiste haber hecho más y haber llegado más lejos con haber bajado humilde. También olvidémonos de esa frase "*la primera película de (Fill Blank)*". Aquí todo el mundo hace una primera película. Una primera película de vampiros, de zombis, de extraterrestres, en inglés, de caserío... ¿realmente alguien la va a ver por eso hoy día? Adicional, como el cine local está en pañales aún, hay tantos "*primeros*" que se pueden hacer... que realmente a estas alturas no importa. Primera película bajo el mar, primera película que se hace con la RED...

¿Entienden mi punto?

9. ¡Cuenta las historias de aquí!

Se que esta cool para todos nosotros hacer películas de asesinos en serie, zombis, superhéroes... pero si lo analizas, eso lo hace todo el mundo en cualquier parte del mundo. No hay originalidad ahí fuera de satisfacer nuestros gustos o deseos de hacer cine de género. Sin embargo, ¿cuántos pueden decir que van a hacer la película de un alcalde periquero? O de un alcalde que tiene una obsesión con encontrar un ¿"*chupacabras*"? O de un alcalde que se pasa bebiendo Heineken las cuales llama ¿"*Palmolive*"? Son historias que no se han contado, únicas y que realmente se pueden hacer sin entrar en altos costos. Un caso de una madre que aparentemente asesinó a su hijo y aún el caso no se resuelve (misterio, suspenso, thriller), un hombre que le tira un huevo al gobernador como protesta (comedia), ¿cuán difícil puede ser, recrear o hacer una película basada en el Cerro Maravilla? Sobre

225

¿Roberto Clemente? ¿Qué es caro por la época, vestuarios, permisologías? Busca temas generales y adáptalos. ¿Por qué a nadie le ha dado por hacer una película sobre un estudiante que quiere estudiar en la UPR y debe pasar por el montón de gente en la protesta? Al estudiante pasar por dificultades (por los estudiantes que tratan de caerle a palos, por policías que creen primero que es uno de los huelguistas terroristas y lo revisan a ver si trae piedras en su bulto cuando por fin llega al salón el profe no está. Está afuera protestando con los estudiantes.) ¿Qué tal de un policía puertorriqueño que sabemos que son especies únicas? Vi un corto recientemente sobre la renuncia de la Torre. ¡Que genial y original! ¡Y sencillo! ¿Por qué no hay ni siquiera un corto que transcurra en las Fiestas de las Calles de San Sebastián?

¿Cuán difícil es abrir el periódico y ver cuántas historias de comedia, drama, terror, suspenso, film noir, crítica social puede haber? Mientras otros cineastas están buscando contar sus historias, nosotros estamos buscando contar las de otros.

8. Nadie hace cine de política.

No me malinterpreten. No quiero decir que hagan

películas para promover un partido. Una de las comedias más exitosas y que más gustaron en la isla fue "*El Alcalde Machuchal*". Los políticos y la politiquería es un chiste en este país. Y en este país gusta la comedia. Pues ¿por qué no se ha hecho una comedia con el tema de la política? ¿No sería un éxito? Si al pueblo le gusta reír y le gusta la politiquería, y solamente se hizo una película de comedia sobre un tipo que se quiere tirar a alcalde y fue un éxito... ¿Por qué aquí a nadie le ha dado con repetir la fórmula? Solo por tratar…

7. Olvídate de la famosa frase "*universalidad*".

Es un mito. No existe. Es falso. Y a la larga, realmente no son filmes memorables. La gran filmografía gringa y específicamente el cine de Hollywood más nacionalista no puede ser. De hecho, la mayor herramienta que han utilizado los Estados Unidos para vender el sueño americano lo ha sido el cine. De hecho, hasta en películas como "*Spiderman*" se mete la bandera americana por ojo, boca y nariz. Mundialmente hablando, "*Bollywood*" es otra gran industria (una gran industria, mayor que Hollywood) y es totalmente regional y nacionalista. A tal grado que ni siquiera necesitan del mercado extranjero. Ni se diga México, ni España. Alguien ha visto una película dominicana que no esté orgullosa de decir que ¿es dominicana o de parecer dominicana? Me parece que el único país con miedo a identificar su nacionalidad y a hacer filmes regionales es Puerto Rico. Busquemos una identidad propia, experimentemos. Hasta ahora, para mí un filme totalmente puertorriqueño que no sigue fórmulas ni tiene comparaciones lo es "*Celestino y el Vampiro*", guste o no guste. Y tiene seguidores dentro y fuera de Puerto Rico. Y más regional esa película no puede ser. Acaben de entender que en lo regional está la universalidad.

6. Evita los niños.

No quiero sonar negativo. Pero a menos que quieras que tu película sirva de taller de actuación para niños o, a menos que, te encuentres uno de esos niños talentosos (y que tengas la suerte que la madre no lo sepa y te quiera cobrar un ojo de la cara por su hijo talentoso) utilizar niños no es recomendable. No estoy diciendo que no se usen niños. Si no que se trate de evitar. ¿Alguien ha visto una buena actuación de niño en cine local? Yo solo he visto dos ejemplos según mi criterio: "*André*" de Gazir Sued y "*El Color de la Guayaba*" de Luis Caballero.

5. 0 películas en inglés.

Piénsenlo y denle casco. Históricamente ninguna película

puertorriqueña filmada en inglés ha sido exitosa. No solo eso, si no que no ha garantizado su entrada al mercado extranjero, y por ser en inglés, tampoco logra complacer acá. "*The Dissapearence of García Lorca*" de Marcos Zurinaga fue un fracaso comercial de grandes proporciones igual "*A Life of Sin*" de Efrain López Neri. "*The Machos*" de Tony Rigus, fue filmada en español y doblada al inglés porque los distribuidores le decían que en inglés tenía más posibilidades. El filme fracasó. Sin embargo, al luego estrenar en cines independientes su versión en español gozó de gran acogida. "*The Face at the Window*" de Radamés Sánchez no corrió la misma suerte. Pensada para el mercado latino de Estados Unidos, se hizo en inglés ante estudios de que la comunidad hispana prefiere las cosas en inglés sobre el español. El realizador descubrió que el inglés fue el detonador principal para que la película se quedase sin mercado. Ni allá, ni acá. Adicional, si vas a hacer una película en inglés, ten la decencia de que TODOS tus actores hablen bien el inglés. Personalmente no he visto ninguna que no suene a latino tratando de hablar inglés.

4. Caras conocidas no significa éxito garantizado.

Sucede hasta en Hollywood. Miren el caso "*Gigli*", con Ben Affleck y Jennifer López. Pero en Puerto Rico el caso es más serio aún. Ni El Roquero Loco, Denise Quiñones, ni René Monclova, ni Braulio Castillo, son nombres mercadeables aquí en la isla. Entiendan que ya nadie ve nada aquí en Puerto Rico por este tal artista. *"¡Qué Despelote!"* demostró que ahora mismo, las figuras que tiene fanaticada son los locutores de radio, lo mismo sucede con la emisora la X que lleva más de dos años haciendo teatro con sus locutores exitosamente! ¡Por qué tiene un público! En ese caso, ¡sabes qué película debe ir dirigida a ese público! Otros ejemplos son los raperos: Daddy Yankee, Arcángel... atrajeron a su público. Pero este punto se debe analizar seriamente... El éxito de "*Mi Verano con Amanda*" no se debe al Roquero Loco. Y ciertamente el Rockero Loco no llevó a nadie a ver a "*Elite*". No nos llamemos a engaños. ¿Qué si ayuda a conseguir auspiciadores? Sí. Pero luego la gente no la va a ver por malas actuaciones, la película resulta entonces en un gran fracaso y ¡Puf! Cada vez menos auspiciadores quieren dar dinero por cine local y cada vez menos gente quiere ver cine local. Mejor hazle caso al próximo punto.

3. ¡Utiliza actores!

¿Qué tan difícil es? Aquí uno de los mejores actores del país es tan accesible y humilde, cooperador y se llama René Monclova. Y lo mismo se puede decir de la mayoría de la clase artística del país. Es irónico que aquí en las películas locales actúen todo el mundo menos los actores.

¿Qué sí funciona de vez en cuando un familiar o una persona que cae natural para el personaje? Eso está chévere. ¿Qué si Daddy Yankee funcionó para hacer de bichote de punto? ¡¡¡¡¡Hellouuuuuuu!!!!!! Pero no pongas a hacer a tu pana Papo Gatillo de abogado o de doctor. Así, ayudas a dar a conocer las caras de las personas que se van a dedicar y van a continuar en este negocio/industria/arte y se pueden crear nombres como en otras industrias.

2. Hazlo en digital.

Sí, lo sé. El fílmico es mejor. Sí, lo sé; primero poner los valores artísticos sobre los comerciales. Pero si a estas alturas no te has enterado que una película de sobre $100 mil dólares le será cuesta arriba recaudar lo invertido en la isla tienes problemas. Si lo que quieres es hacer dinero, considerar digital sobre fílmico debe ser una realidad. No es debatible. No hay duda sobre esto. Recaudar un poco no es negocio. Ninguna película puertorriqueña (con excepción de "*Maruja*") ha duplicado o triplicado su inversión. "*Talento de Barrio*" costó casi dos millones y apenas hizo casi dos millones en taquilla boricua. No sé cómo le habrá ido allá afuera, pero a menos que se haya trepado en los cuatro millones, no nos llamemos a engaños... no fue un éxito. Y tomó el ejemplo de "*Talento de Barrio*" ya que es la película más taquillera del cine local, y aun ni la más taquillera ha logrado inversión. Es prudente no soñar a lo Hollywood, y en lo que el hacha va y viene... tu norte es digital.

1.   Haz comedia

¿Tengo que abundar en este punto? "*La Guagua Aérea*", "*Casi, Casi*", "*Mi Verano con Amanda*", "*¡Qué Despelote!*", "*Celestino y el Vampiro*", "*Chiquito pero Juguetón*". No hay duda de eso. La comedia es éxito garantizado en este país y es el género que menos se hace en el cine local.

¡Incomprensible!

Productor de El Cimarrón pide una red de distribución

Por: Benji López - 2010

"Decidí escribir esta nota al ver una publicación en Primera Hora De hoy Diciembre 1 del 2010" El titular lee así: Productor de *El Cimarrón* pide una red de distribución.

Nosotros en Innova Entertainment venimos pregonando la necesidad de la red de distribución desde el 2005. Cuando nos tocó distribuir Taínos en el 2005 nos dimos cuenta inmediatamente la falta del mismo. Pero al ser un mercado tan pequeño siempre figuramos que tenía que ser hecho por una compañía local de la isla. Porque si buscamos compañías extranjeras tratarán nuestros productos como uno más en el estante de venta entre las mil y una películas que existen en el mercado. Además, que sus adelantos económicos por el producto ni siquiera cubren para sufragar los gastos legales de la firma de los contratos. Nosotros le propusimos a la Corporación de Cine de Puerto Rico bajo la administración de Luis Riefkhol un proyecto llamado Cine isla el cual iba a comprender un website de venta directa al público el cual ya existe desde el 2006 http://www.cineisla.com también iba a dedicarse a la venta y distribución de los DVD's en Blockbuster, Video Avenue, Borders, Walmart y video clubes independientes en toda la isla. Además de puntos de ventas en el aeropuerto y otros puntos de venta. Aparte de venta directa en tiendas localizadas dentro de comunidades pobladas por puertorriqueños en Chicago, Nueva York y Florida entre otros. Este proyecto se le presentó a Luis Riefkhol quién tuvo la visión para ver su potencial y necesidad inmediatamente. Después de varias reuniones e inclusive llegamos a la redacción de un contrato. El proyecto de repente se canceló. Y no supimos por qué. Luego tratamos de reiniciar conversaciones con la actual Directora Ejecutiva de la Corporación de Cine Mariella Pérez, pero ni siquiera pudimos hablar ya que la reunión no duró ni siquiera 10 minutos. En fin, el proyecto tiene su "*blueprint*" tenemos data concreta de clientes que hemos acumulado por los pasados años. Hemos vendido las películas de nuestros compañeros productores dentro y fuera de la isla tan lejos como Netherlands, Irak y Hawaii. Hay clientela para nuestro cine solo necesitamos promocionarlo y poner manos a la obra de una manera efectiva que garantice una ganancia máxima para el productor y un acceso rápido y cómodo al cliente. Nosotros en Innova Entertainment contamos con la experiencia, el conocimiento y la disposición para hacerlo, pero necesitamos dinero para iniciar la gestión. Nuestra lógica es que si se invierte 1 millón por película local para realizarlas... (Y hasta ahora con el fondo se han hecho alrededor de 7 a 10 proyectos que rondan el millón eso suma como unos 7 a 10 millones de dólares en préstamos sin contar los proyectos independientes que han recibido al menos un auspicio) Pues, ¿por qué no asignar quizás de 300 a 500 mil dólares para establecer un sistema de distribución para el DVD e inclusive la distribución teátrica de esas películas más los productos de productores independientes que han financiado por su cuenta sus proyectos? Estoy seguro que creando un sello de distribución nativa operado por productores que velarán por los intereses económicos de sus compañeros productores y no por los intereses de una compañía extranjera o privada que a fin de cuentas no trabajaría nuestro producto local como requiere. Estoy totalmente confiado que al menos los números de ventas y repago de esos préstamos hoy día lucirían mucho mejor de lo que lucen ahora. Nosotros en Innova Entertainment volvemos a recalcar que estamos dispuestos a crear ese sello. La propuesta está redactada, tenemos la data y la disposición además de las ideas para hacerlo. Unidos lo podemos hacer.

El valor de una película puertorriqueña

Por: Luis Freddie Vázquez - 2010

Mucho se comenta sobre el desarrollo del cine en Puerto Rico y ¿en qué punto estamos en estos momentos? Esa pregunta debería tener varias contestaciones que ahora no analizaremos.

Pero lo que siempre se nos escapa de esa discusión es cuán importante es una película puertorriqueña en el momento histórico en que se filma, más aún quienes fueron sus realizadores y los actores que la protagonizaron enmarcados en ese tiempo. La melancolía o añoranza de recordar una época, nos hace buscar tal o cual película que dejó unas imágenes permanentes para el resto de nuestras vidas. Partiendo desde este punto, las películas puertorriqueñas que se exhibieron en la década que finalizó (2000 a 2010) serán recordadas para el año 2030, y entonces pasará igual que con los clásicos al día de hoy: la famosa *La guagua aérea* (1993) que donde quiera que vamos es la más solicitada, *Lo que le pasó a Santiago* (1989), en conjunto con *La gran fiesta* (1985) y *Linda Sara* (1994). Pero lo que realmente recordamos de esas películas quizás es la temática, quizás los sitios donde se filmaron, quizás el evento que fueron o los actores del momento. Les daré varios ejemplos: ¿quién no recuerda aquella famosa escena de La gran fiesta donde Raúl Julia nos demuestra sus quilates como actor en el famoso *"sacrosanto recinto"* como él dice en la escena, Casino de Puerto Rico, donde se va a entregar a manos extranjeras?

¿O aquella romántica escena en donde Chayanne y Dayanara Torres nos deleitaron con sus besos en *Linda Sara*, aquel estreno que pasó al libro de Guiness de *La Guagua Aérea*, o aquella nominación al Oscar de *Lo que le pasó a Santiago*, cuando todo el mundo observaba con nerviosismo la entrega de ese año? Pero aún más interesante que estos eventos, las películas nos muestran el desarrollo de Puerto Rico en varias facetas sociales, económicas y políticas.

Vemos a finales de los 50, películas como lo son *Maruja*,

que nos presenta la infidelidad de la mujer, tema prohibido en aquella época y que causó revuelo en el país. *El Otro Camino* y *Ayer Amargo* retratan el desarrollo económico con sus problemáticas sociales y diferentes locaciones importantes como La Perla en todo su esplendor. El clásico Los peloteros con Ramón Rivero Diplo presentando un Puerto Rico virgen. *Una Criada Malcriada* con su recorrido por el puente del Condado y los actores de comedia recordados con mucho cariño.

Aquellas películas de delincuentes que nos muestran el lado oscuro de la historia como *La Venganza de Correa Cotto, Correa Cotto así me llaman, Arocho y Clemente, Operación Tiburón o La Palomilla.*

Es muy interesante observar cómo las personas se acercan y preguntan por las películas que una vez los cautivaron y que al pasar de los años las convirtieron en valiosas. Estos quieren resaltar los quijotes de aquella época que, igual que hoy día, sufrían en demasía para dejar una pieza histórica para futuras generaciones... si, así como lo lee, una pieza histórica. Cada película tiene una motivación, y es un esfuerzo gigantesco el levantar un proyecto. Hay que recordar cuán valiosos y atrevidos son cada uno de estos proyectos que se hacen en una isla 100 x 35 que no tiene industria de cine, pero tiene una historia rica e interesante.

La próxima vez que se detenga a observar una película puertorriqueña analice que de aquí a 20 o 30 años será un clásico y quizás usted quiera recordar cómo era el cine en principios del siglo XXI, donde se comenzó la era digital en los cines.

Entonces recordemos títulos como *12 Horas* la primera, con las calles de Santurce y la vida nocturna, *Mal de Amores* con sus historias de pueblo, Taínos con paisajes bellos del interior de la isla, *El Cimarrón* con retratos de Vega Baja, haciendas y poblados, *Contraseña* con su piratería y el retrato del Centro de Convenciones original y *Ventana al Mar, Aventura Verde* con su parque ecológico, *Punto Verde, Fuera de Tinieblas* con su mensaje y sus valores, Party Time con la música y los retratos de los 80's, *Mi Verano con Amanda* con las ocurrencias del rockero loco y el personaje de Chicho que nos hizo reír con sus fobias y *¡Qué Despelote!* la película más taquillera del 2010. Películas arriesgadas como *Irak en mí, Miente* o *Las Dos Caras de Jano* entre otras, se quedarán en nuestras mentes por su temática fuerte y directa. Y *Talento de Barrio* es la Película más taquillera de todos los tiempos.

Pero todas formarán parte de un cine sin restricciones, ni

fronteras, un cine autóctono, de aquí, PUERTORRIQUEÑO que recordaremos por sus retratos, sus actores, sus temáticas y por el momento histórico cuando se filmaron. Celebremos que en la década del 2000-2010 hubo sobre treinta producciones puertorriqueñas en pantalla, esas que en el 2030 recordaremos con nostalgia.

El autor es Luis Freddie Vázquez actor, guionista, productor, distribuidor y preservador del cine puertorriqueño con ocho películas como productor y más de 20 películas y cortos como actor.

Cinefilia

Sniff on: Broche de Oro

Por: Script Junkies - 2012

Guion y dirección por Raúl Marchand (*12 Horas*, 2001) y protagonizada por Jacobo Morales, Adrián García, Diego de la Texera y Luis Omar O' Farril. Contrario a muchas películas locales que pasan desapercibidas por nuestras salas de cine, el film de Marchand ha obtenido una gran acogida del público de todas las edades, muchas de las tandas vendidas en su totalidad, y todo apunta a que permanecerá un tiempo más, por si todavía se han quedado sin verla.

La historia…

Rafa, Anselmo y Pablo se escapan del asilo para ir a acompañar a Carlos, nieto de Rafa, a una competencia de surfing. En su travesía aprenden que las aventuras, el amor y la felicidad se pueden vivir a cualquier edad porque la juventud está en el corazón y en el espíritu de cómo se vive.

El guion de Broche de Oro es el típico feel good movie en el cual, sin grandes pretensiones, ponemos a un grupo de personajes a pasar por situaciones jocosas y poco conflictivas que terminan en un final *"feliz"*.

Los aciertos…

Personajes simpáticos: Los viejos cascarrabias, chistosos y tiernos, así como los niños precoces y traviesos son siempre winners en las historias ya que provocan extrema simpatía en la audiencia. Rafa, Anselmo y Pablo nos simpatizan lo suficiente como para querer seguir viendo la historia.

Personajes pintorescos: En las comedias y en este tipo de historias, siempre es refrescante ver personajes que nos saquen carcajadas en momentos de tensión o tristes. Nuestro favorito fue el de Margarita, la dueña del cafetín, porque representó más concretamente el tema de la película: No hay edad para ser joven. El personaje es coqueto, atrevido, amoroso, que, sin importar los sufrimientos, disfruta la vida a sorbos; inolvidable.

Buen gancho: La historia es appealing al público en general. Tres ancianos que se escapan de un asilo para un jangueo intenso no es algo que se ve todos los días, por lo tanto, lo hace un buen gancho para que la audiencia se interese a ir a ver en qué resulta todo eso.

Los desaciertos:

Conexión de personajes: A pesar de lo pintorescos y simpáticos de los personajes, la historia falla en la importancia que tienen éstos entre sí. La única conexión que hay entre Rafael, Alberto (Carlos Esteban Fonseca) y Carlos. De sacar a uno de estos personajes de la historia se detiene o simplemente, no puede darse. El resto de los personajes no tienen ninguna importancia en la historia; si los sacas, la historia continua.

Las comedias, a diferencia de otros géneros, tienen una ventaja en la narración; si da gracia, funciona. El desacierto con estos personajes es que TODOS están para cumplir esta misma función; hacer reír, pero nuestros protagonistas no aprenden con ellos, no están amenazados por ellos, no se hunden o crecen con ellos. No quiere decir que sea malo reírse, pero la historia pierde significado teniendo a tantos personajes con el mismo propósito.

Las fuerzas antagónicas no les hacen la vida imposible a los personajes. La Madre Superiora (Marian Pabón) y Norberto (Luis Raúl) desaparecen de la vista de los personajes principales durante todo el segundo acto. Lo mismo ocurre con el padre de Carlos. Manolo es la *"fuerza antagónica"* que los acompaña en el segundo acto, pero sólo hace dos cosas, golpear a Carlos y explotar las gomas de la guagua; no hay más. Se podría incluir el accidente con Rafael, pero no fue nada más que eso, un accidente. Los personajes son de switch; cambian sin una razón que podamos seguir. Entre estos están Anselmo y Manolo.

Final triste en una comedia: Este punto expresa eso mismo. Tienes una comedia donde TODOS los personajes terminan tristes. No hay un alivio, un gozo por la vida de Rafael. Este es el gran tema de la historia, sin embargo, no lo vemos al final.

Deseo del protagonista: El deseo de Rafael no está claro. Según su incidente inicial, el problema de él es que su hijo y nieto se mudan. Una vez sacando de balance al protagonista, ¿qué es lo que busca? ¿Qué es lo que quiere para poner su vida de vuelta en balance? Podría ser ver a su nieto surfear, pero eso lo ve a la mitad de la historia. Una vez que lo vea y seguro ganará el segundo lugar, se acabaría la película. Podría ser reconciliarse con su hijo, pero tampoco lo intenta en toda la historia.

Alcance de los personajes y relaciones: Esta parte es algo complicada. Cuando hablamos de las relaciones muchas de las críticas hablan de cómo se experimenta o se muestra la relación entre abuelo y nieto, pero ¿qué es una relación? ¿Cómo se experimenta esta relación? En esta historia no hay nada que mostrar. Rafael y Carlos no pelean o tienen debates o se reconcilian o tienen grandes secretos (sólo la enfermedad de Rafael y que Carlos robó la guagua). Para expresar una relación tenemos que ver todas las partes de la misma; los momentos en los que aun amándose surgen conflictos y los momentos lindos de esa relación.

En el alcance tenemos una pequeñísima escena en el primer acto que nos atrapó, pero lamentablemente no volvió a tocarse. La escena donde la anciana que está en silla de ruedas espera a que la visiten. Esto fue peligroso. Probablemente la razón para presentar este momento fue para dar otro tema sobre los ancianos olvidados en los asilos. Ahora, no hay más. Este personaje (que no tiene una sola línea) me llegó más que cualquier otro personaje y esperamos más de él, pero no fue así. Quedó en el olvido del público y la historia tal como quedó en el olvido por su familia. Este personaje nos tocó. Creó un poco más que simpatía; creó empatía. La audiencia compara personajes para ver de qué personaje uno se va a agarrar en el primer acto. Luego de esto, ya el personaje de Rafael perdió importancia. Rafael ha tenido una buena vida. Fue doctor, tiene grandes amigos en el asilo, tiene un nieto que se desvive por él.

Y al final…

Broche de Oro es lo suficientemente simpática para querer seguirla viendo hasta el final, aun cuando los personajes se limiten a ser planos. Como se dice por ahí, *"cumplió su cometido"*. Fue disfrutada —y sigue siendo- por nosotros y el público. Esto hace de la película un gran logro. ¡Enhorabuena!

Sniff on: Los condenados

Por: Script Junkies - 2012

Guionistas: Robert Busó-García y Danielle Schlief

¿De qué trata?

Ana Puttman (aunque podría jurar que escuché a los personajes diciendo *"Puttnam"*), regresa con su padre catatónico al pueblo de Rosales con la intención de convertir la mansión de su familia en un museo dedicado al trabajo médico de su padre y limpiar así los sinsabores hacia su familia que permanecen en los habitantes del pueblo.

Protagonista: Ana Puttman.

Motivación: Convertir su casa en un museo dedicado a las investigaciones médicas de su padre para limpiar los sinsabores que existen en los habitantes del pueblo hacia su familia.

¿Quién impide que el protagonista logre lo que quiere?

Los ancianos de Rosales.

¿Qué pasa si el protagonista no logra lo que quiere?

Se irían de su casa y los ancianos seguirían odiándose. Los

Puttman, en este caso Ana, no tienen nada que perder ya que los ancianos de Rosales no mueven ni un dedo para declararles la guerra, o hacer una huelga desnudos en contra del museo, ni siquiera rompen una bendita ventana para asustarlos. Uno de los personajes, Doña Clara, así lo estableció, *"O se van de Rosales o mueren en Rosales"*. ¿En serio? Ana ni su padre están en riesgo de morir en manos de quienes los odian porque nunca los vemos hacer nada. Buche y pluma no más. No hay nada que provoque en la audiencia tensión o miedo de perder a su protagonista.

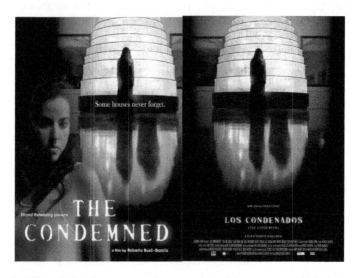

Sniffing inicial

Los condenados sufren de varios problemas, no en la historia, pero sí en cómo se cuenta. El misterio es tanto que nosotros (la audiencia) estamos separados de la historia hasta que termina la película. El personaje protagónico, Ana, no nos atrapa; no deseamos que ella logre lo que quiere porque de lo único que somos testigos es de que su padre es catatónico. No hay nada que nos cause tensión o miedo de perderla. No la vemos llegar al límite de la experiencia humana ni la vemos poner su vida en riesgo porque sólo se sumerge en un sufrimiento, que no vemos para al menos apegarnos a ella, que parece no resolverse. Sí, podríamos pensar en todas las cosas buenas que hizo su padre como médico, según menciona ella en el transcurso de la película, pero nunca vemos o somos testigos de lo que significó para ella o si le afectó en su crecimiento o qué de gran valor perdería si no lograba realizar el museo. Si Ana moría en esta historia, nadie la iba a llorar. Por el contrario, de los ancianos odiosos sí nos apegamos porque somos testigos de su estado emocional antes y después de volver los Puttman. Lástima que no dieron un tajo en defensa propia. Hubiera sido interesante verlos haciéndoles pasar las de Caín a Ana para que no lograra su objetivo.

En cuanto a los personajes secundarios que rodean a la protagonista considero que Víctor, el chofer, es el más interesante. Es el personaje que tiene contacto directo con los ancianos y con la familia Puttman; queremos saber cuál es el secreto que guarda. Cipriano, el mayordomo, es una pieza clave que no es utilizada de la mejor manera. Guarda un secreto tan grande con la madre de Ana, y dado el hecho de que no nos importa lo que ocurre con ella, también perdemos el interés por él. La enfermera del Doctor Puttman (ni del nombre nos acordamos porque así de importante es) es un personaje que está de más. No aporta nada a la historia. De hecho, una vez desaparece, no importa; nadie la extraña ni pregunta por ella y lo mismo pasó con Valeria, la asistente de Ana. Ambos personajes parecen sólo cumplir con el propósito de repetir las mismas líneas que escuchamos de Cipriano y Víctor: *"Es una mala idea"*.

Hay historias en las que abunda la sobreexposición (esas películas en las que cada vez que se menciona el nombre de alguien les sigue el trabajo que tiene, hijo de quién, esposo de quién y cuánto tiempo ha estado trabajando en quién sabe dónde, por dar un ejemplo), pero aquí pasa lo contrario; no hay exposición, ni siquiera la necesaria para poder entender qué pasa. Lo que sospecho es que los guionistas decidieron callar todo hasta el final donde pondrían el gran punto de giro. Es como cuando alguien pregunta a un escritor novato qué es lo que está escribiendo y el escritor le contesta que es secreto; que ya sabrá cuando la historia esté publicada o salga al cine. No seguimos una causa y efecto en la historia. Cuando llegamos al final, tratamos de regresar para que todo se conecte, pero no es así. Nos muestran flashbacks para entender ciertas cosas, pero se nos hace difícil porque las escenas que nos presenta no fueron de impacto en el momento en que se nos mostraron por primera vez. Un gran ejemplo resumido de la historia y cómo esconde todo hasta el final es el personaje del Doctor Puttman. No dice nada (como la historia), no se mueve (como el ritmo de la historia), no hace nada... hasta el final. Luego nos sentimos engañados en perfecto español (SPOILER: El Dr. Puttman es gringísimo y lo vemos en una escena, sin embargo, cuando despierta tres segundos de su estado catatónico habla con un acento como de que por aquí el inglés no pasó).

Sniffing final

La historia no cumple con los requisitos necesarios para acercarnos a los personajes y lo que está pasando. Sólo nos aleja del secreto sin darnos algo de qué agarrarnos. No nos deja ser detectives de la historia e ir encontrando pistas que nos haga sentir que sabemos todo hasta que encontramos otra pista más significativa y el problema más grande que tiene es Ana Puttman (aunque podría jurar que escuché que decían "*Puttnam*").

Eso Que Se Llama Cine, Pero Que Le Dicen Negocio

Por: Eduardo Rosado - 2012

Comúnmente me encuentro en una conversación en donde el tema del cine como arte y negocio sale a relucir. Este asunto lo vengo escuchando desde mis años universitarios y es un tema que se ha discutido desde que en la década de los 40, el ejecutivo Louis B. Mayer (dueño y fundador de los estudios MGM) dijo esa célebre frase: *"el cine es arte y negocio"*. Su planteamiento era sencillo, el cine cuesta mucho dinero. A él lo que le interesaba era hacer dinero, mientras que sus directores, la mayoría alemanes que habían pisado suelo norteamericano bajo el acuerdo Paruma Fet, querían hacer arte. Aunque el medio digital ha facilitado y permitido que, en cierto aspecto, el cine si se pueda hacer de gratis o con pocos recursos, aún continúa la inquietud. Para acercarse a una posible contestación, primero hay que entender la naturaleza y los orígenes del cine. En esencia, el cine es un medio en el cual se crea una obra usualmente realizada por un colectivo de artistas. Aunque sea realizada con fines comerciales, a esta obra que luego mercadean como un producto, no se le puede quitar su naturaleza artesanal. De ahí que se le llame el séptimo arte. Es decir, no importa cuánto digas que el cine sea un negocio, todos estamos claros que es arte. La segunda parte es quizás la más compleja. Esa obra (película), pasa a ser un producto para los efectos de un productor, un distribuidor y un exhibidor que le sacaran ganancias. Súmale que de antemano pensaron en el filme como un producto así que le añadieron valores para facilitar el mercadeo del mismo y cabe añadir que los que están envueltos en la creación artesanal, cobran por su trabajo. Vamos a tomar esto por partes. El proceso de cobrar durante el proceso de realizar una obra no necesariamente convierte a la misma en negocio. Por ejemplo, cuando hablamos de colegas artistas como los artesanos, aunque ellos cobren por su oficio, se les considera artistas, y sus tallados son considerados obras de arte, no productos. Los artesanos que tallan madera, por ejemplo, cobran por su trabajo y viven de ello, pero no por eso se les dice que el tallado en madera es negocio. Si tomamos por ejemplo la política, en donde hemos visto históricamente casos de corrupción, pero la política no es un negocio. Se hace negocio con la política, claro y se han dado casos también con la religión, pero eso no las convierte en negocio. De igual manera se hace negocio con el teatro, la pintura, la fotografía y por supuesto, con el cine. Quizás, al cine tener tantos elementos publicitarios para promocionar y así generar más ingresos, nos hace pensar lo contrario. Hasta se ha dado el caso de proyectos que se han creado o generado con fines puramente comerciales. Una película, no importa cuán comercial se haga, nunca deja su naturaleza artesanal. Sigue siendo arte. Aun cuando sea una "*mala*" película, una copia de algún filme o pobremente ejecutada, sigue siendo arte... arte mediocre, se podría argumentar. Sin embargo, fíjense que el cine experimental no es comercial. También el cortometraje es algo en lo que no se suele invertir. Los documentales educativos se hacen con fines educativos, no con fines de hacer dinero. No siempre el cine es negocio. Y si no siempre es negocio, es porque nunca lo fue. El cine es arte, un arte que en sus más de 100 años de historia se mantiene en continua evolución y cuyas tendencias en el público van definiendo su norte, así como sucede con las otras seis ramas del arte. El cine es un medio con el que se dice algo, con lo que se produce emociones. Tú no vas a los teatros a ver negocios, tú vas a ver arte, quizás arte en su plano menos artístico o más comercial, pero sigue siendo arte. Una vez aceptemos y comprendamos la realidad del medio en el que trabajamos, podemos entonces hablar de hacer negocios y de lucrarse de ellos.

Una Última Conversación Con Chavito

Entrevista por: Carilis Hernández

Redactado por: Eduardo Rosado - 2009

Como parte de un especial que deseábamos realizar en www.cinemovida.net para el 14 de febrero nos dimos a la tarea de contactar parejas reconocidas en los medios que llevan años de relación juntos. Fue así, luego de entrevistar varias parejas de cineastas reconocidos que nos topamos con la idea de conseguir a uno de los actores más queridos de nuestra isla, Chavito Marrero, junto a su esposa Mercedes Sicardo. Contactarlo no fue nada difícil, pues con la gentileza que lo caracteriza, nos atendió vía telefónica y sin pensarlo dos veces nos proveyó su número residencial y dirección física, con la cual, el pasado sábado 24 de enero de este año corriente le dimos una visita para que nos hablará sobre su relación de pareja de más de 40 años de duración. Con una vitalidad impecable y una sonrisa en los labios que no se difuminaba ni un solo segundo a pesar de estar atado a una máquina de oxígeno que lo ayudaba con la respiración, nos recibió en su hogar con la mayor atención posible, listo para contestar a las preguntas que le teníamos reservado esa tarde. A continuación, le presentamos un extracto de lo que se habló ese día.

CINEMOVIDA (CM): ¿Cómo fue que ustedes se conocieron?

Chavito Marrero (Chavito): Yo la vi bajando unas escaleras en una obra de teatro. Y yo me dije, caramba, una muchacha que baja con ese porte unas escaleras tiene que ser muy elegante. Y la invité a comer. El resto es historia. Tuvimos tres hijos. Íbamos al teatro porque cuando ella no tenía que cuidar a los tres, pues íbamos al teatro. A veces ella era parte de la función y los niños venían al lado. Y al que estaba sentado al lado de la butaca le contaban la obra (ríe). Hemos trabajado tanto tiempo juntos, con tanto placer, con tanto gusto, que uno se olvida de lo que hizo. Es como un parto. Uno sigue trabajando tanto y tanto, y se lo disfruta tanto…hasta que llega el momento que uno jugó tanto y uno cayó redondito al piso, ¡plum! al hospital… y aquí estoy, con este oxígeno, viviendo a como dé lugar. Con todas las fuerzas de mi Dios.

CM: A través de los años… ¿Cómo ha sido esa química trabajando juntos?

CHAVITO: Bueno, yo era fuerte como director y exigía mucho. Tanto que un compañero me dijo, 'si yo llego a ser tu mujer y tú me tratas, así como tratas a tu mujer en actuación… ¡Yo te mataría! ¡Te ahogaría!'. Pero luego, en esa obra, ella ganó el premio a mejor actriz.

CM: ¿Entiendes que se debió en gran parte a tu dirección?

CHAVITO: Yo no sé decir si fui yo o no fui yo. Yo la trabajé fuerte, la trabajé duro y resultó.

CM: ¿Es más exigente con Mercedes al ser su pareja?

CHAVITO: Soy igual de exigente con los demás.

CM: ¿Cómo han logrado mantener su relación de pareja en armonía con el trabajo?

CHAVITO: Cuando ella está actuando en una obra yo decía; '¡No! Yo no me meto. Eso le toca al director.' Ahora, yo iba al ensayo y si el director quería que yo dijera algo, pues yo lo decía. Si no, no. Y la química siempre fue excelente, sin discusiones, sin peleas. Ella es muy tranquila, gracias a Dios. Y uno como marido, como hombre de teatro también se siente tranquilo al lado de ella.

CM: ¿Cómo enfrentan los retos de la vida tanto como pareja y como profesionales?

CHAVITO: Pues…gracias al señor que por mi trabajo

tengo un retiro bastante bueno. El seguro social funciona bastante bien y unidos los dos hemos laborado fuertemente. Tenemos una persona excelente siempre a nuestro lado, también otras personas buenas y nos han ayudado a seguir la vida con la medicina, citas médicas, con la comida. No nos podemos quejar, yo no me puedo quejar. Cuando la necesito ella siempre está ahí. Además, ésta ha sido nuestra casa por mucho tiempo. Nos casamos en el 61. Vinimos aquí en el 63. Ha sido siempre tan a gusto que estamos rodeados de cuanto nos dieron, de cuanto recibimos. Tenemos la prensa, todo lo que nos han hecho... Nuestros hijos quieren que me vaya a vivir más cerca. Nos vienen a ver. Tienen hijos, a su vez nuestros nietos, siete nietos que son siete maravillas del mundo.

CM: Como actores, ¿con qué personajes del cine se caracterizan en su vida?

CHAVITO: Yo con todos los jíbaros. Para mí el jíbaro es noble, listo, aguzao, bondadoso. El jíbaro tiene mucho espíritu, mucho corazón.

CM: ¿Cuál cree que es la clave para que una relación dure tantos años?

CHAVITO: La clave es recordar, olvidar y volver a

recordar lo que fuimos y lo que somos. Y volver a empezar siempre y olvidar los malos momentos. Yo me rio mucho de todo lo que hago a veces y la hago reír mucho a ella también, aunque soy bravo. Yo no me hubiese casado conmigo, porque soy muy bravo. Me considero protector, muy protector. Tengo garra de tigre y león para protegerme. También, si tú quieres seguir fuerte, consciente en todo, no fumes, chico, no fumes… eso no deja nada.

FILMOGRAFÍA

Dios los Cría (1979) —Chavito interpreta a Don Marcos, un contable católico que no tiene escrúpulos al momento de llevar a cabo alguna mala maña y después confesar sus pecados para recibir perdón en la historia "*Negocio Redondo*", una de las historias que conforma la ópera prima del cineasta Jacobo Morales. Para este servidor, uno de los mejores trabajos de Chavito en cine.

Cuentos de Abelardo (1990)

La Guagua Aérea (1993) —Chavito interpreta al protagonista de esta historia, su personaje favorito, un jíbaro que se ve obligado a abandonar su patria para encontrar a uno de sus hijos en Nueva York, con tal de poder resolver un conflicto que aqueja a la familia: la venta de los terrenos que han servido como hogar a toda la familia por años con tal de irse a vivir a la ciudad.

Cuentos para Despertar (1998)- Aquí interpreta a Don Fruto Torres. *Mi Día de Suerte* (1998), *Angelito Mío* (1998), *Parece que Fue Ayer* (2004) —Esta miniserie contó con Chavito como uno de los personajes principales en su etapa madura. En esa película participa, también, uno de sus nietos y su esposa Mercedes Sicardo.

Mal de Amores (2008) —Su último trabajo en la pantalla grande. Como cada una de sus actuaciones en cine, ésta también se robó el corazón del público como el personaje de Cirilo, un anciano que ve pasar sus días en la misma rutina al lado de su exesposa. Toda la situación cambia, cuando ésta recibe la visita de su primer marido, quien salió de la cárcel y se encuentra sin hogar.

La Nueva Ley De Cine

Por: Ramón Almodóvar Ronda - 2011

La nueva ley de cine, la *"Ley de Incentivos Económicos para la Industria Fílmica de Puerto Rico"*, trae muchas interrogantes sobre su posible efectividad y próximo funcionamiento; pero algo que queda claro es que beneficia más a las producciones extranjeras que a las puertorriqueñas. Esta nueva ley está orientada a traer producciones del exterior a filmar en Puerto Rico y poco hace por las producciones locales. No hay duda que las producciones extranjeras son beneficiosas para nuestra incipiente industria cinematográfica, ya que mantienen un taller de trabajo para nuestros técnicos, actores y profesionales del cine, a la vez que aportan sustancialmente a nuestra maltrecha economía. Sin embargo, la ayuda que brinda esta situación a la creación de una industria de cine sólida en nuestra Isla es parcial. Falta por ver cómo se van a beneficiar de esta nueva ley las producciones del patio, proyectos que en la actualidad se les hace imposible competir con las producciones multimillonarias que esperan traer.

Algo que sí queda claro en esta nueva ley de cine es la pronta aprobación, en el futuro inmediato, de proyectos de infraestructura cuyos costos son multimillonarios, proyectos con muy pocas posibilidades de éxito si no se hacen de la manera correcta. Hay dos términos que llaman la atención: *"las Zonas de Desarrollo Fílmico"* y los *"Estudios de Gran Escala"*. El primero está sin definir, no sabemos qué serán y cómo funcionarán esas *"Zonas de Desarrollo Fílmico"*. El segundo término, los *"Estudios de Gran Escala"*, presenta una situación delicada y sospechosa. A quien le otorguen ese proyecto tendrá garantizado unas ganancias económicas considerables por desarrollarlo y construirlo. El mantenimiento del mismo y su recuperación económica es otra cosa. En esta nueva ley de cine se da la impresión, por la manera en que está redactada, que los beneficiarios ya tienen nombre y apellido.

Las grandes compañías productoras están presionando en distintos países y regiones para que construyan Estudios o *"Soundstages"* (como se le conoce en inglés) como condición para llevar allí sus megaproducciones. Ésta es una realidad a la cual nos tenemos que enfrentar; si queremos ser competitivos en atraer grandes producciones fílmicas y televisivas, tenemos que construir un Estudio de calidad. Pero la realidad también nos señala que, para poder cubrir la inversión, el Estudio tiene que estar en uso el 75% del tiempo. Ese uso consecuente y constante se puede conseguir si desarrollamos una industria propia, de cine y televisión, que tenga la necesidad de utilizar esas facilidades. No podemos depender exclusivamente de las producciones extranjeras. En este caso *"están poniendo la carreta delante de los bueyes"*.

De poco va a servir la aprobación de nuevas leyes de cine si no se corrigen los errores del pasado. Debido a las ejecutorias de la Corporación de Cine durante la pasada administración, este tipo de proyecto, los *"Estudios a Gran Escala"*, levanta muchas sospechas en cuanto a viabilidad económica. Y es aquí donde surge la desconfianza. ¿Por qué la actual administración central se niega a investigar las irregularidades cometidas en la Corporación de Cine durante el pasado cuatrienio? A pesar de haber varios informes negativos del contralor, un referido al Departamento de Justicia, otro a la Oficina de Ética Gubernamental, peticiones de investigación al Senado y a la Cámara y varias demandas de productores boricuas contra esas ejecutorias pasadas, lo que han hecho es tapar e ignorar las irregularidades en vez de investigarlas. ¿A quiénes están protegiendo? Aquí hay un gato encerrado.

Mientras esta actitud de parte del Gobierno continúe, cualquier esfuerzo que se haga por fomentar la industria de cine en Puerto Rico no tendrá la fuerza necesaria para conseguir el éxito. Ignorar la corrupción es apoyarla. Continuar como si no hubiera pasado nada irregular abre las puertas para que se sigan cometiendo esas faltas.

Esto llevará al fracaso cualquier esfuerzo genuino que se intente a favor del desarrollo y fortalecimiento de la industria de cine en Puerto Rico

Los Estudios de Cine

Por: Ramón Almodóvar Ronda - 2010

Cada cierto tiempo aparece el tema de la necesidad de construir en Puerto Rico un estudio de cine. Los argumentos a favor y en contra de un proyecto tan ambicioso como éste abunda y llevamos muchos años escuchándolos.

En el 1997 la Corporación de Cine de Puerto Rico auspició una presentación de un mega proyecto en Rincón que incluía, además del estudio de cine, un complejo hotelero y un parque de diversiones. En aquella presentación nos quisieron vender la ilusión de que íbamos a competir con Hollywood y Disney World a la vez.

En el 2000 presentaron otro proyecto (estudio de cine-parque de diversiones) que se iba a construir en el antiguo hipódromo El Comandante. Recuerdo las fotos en la prensa donde unas modelos descendían en paracaídas a los pies del entonces gobernador Pedro Roselló. Aquel proyecto tuvo un final nefasto cuando los productores se aprovecharon de los beneficios que les concedió el Gobierno, dejaron muchas deudas en Puerto Rico y se fueron con su proyecto a otro país. En años más recientes hay que mencionar, entre las muchas irregularidades en la Corporación de Cine de Puerto Rico durante la pasada administración, el otorgamiento de un contrato por $100,000 a una compañía, recién creada entonces, para que hicieran una investigación sobre la viabilidad de un estudio de cine en Puerto Rico. La propuesta de investigación ya había sido hecha y formaba parte de un proyecto privado presentado al director ejecutivo de la Corporación por otro grupo de profesionales.

En fin, puedo seguir mencionando proyectos fallidos de estudios de cine y sobresale en primer plano el papel protagónico de los *"buscones"*. En la industria de cine, al igual que en muchas otras industrias, abundan las personas cuya intención principal es hacer dinero fácil, no importa a quien se lleven por el medio. Sus principales víctimas son aquellos que desconocen del tema y se impresionan con conceptos llamativos y figuras de renombre. Los políticos son presa fácil ya que les interesa la exposición que les brinda el tema del cine por lo atractivo que resulta para el público en general.

En las pasadas semanas hemos visto surgir una vez más el asunto de la construcción de un estudio de cine en nuestra Isla. Esto, si de verdad se va a construir, hay que tomarlo con mucha seriedad y profesionalismo. Es imprescindible consultar a los profesionales de Puerto Rico que laboran en las producciones que se hacen aquí, tanto las extranjeras como las boricuas. No debemos permitir la construcción de un *"elefante blanco"* que a la larga sea más perjudicial que beneficioso para el desarrollo de la industria de cine en Puerto Rico.

¿Por qué no tenemos una industria de cine en Puerto Rico?

Por: Ramón Almodóvar Ronda - 2009

Con tanto talento que tenemos en Puerto Rico, ¿por qué no tenemos una industria de cine? ¿Cómo es posible que no hayamos podido desarrollar una industria que puede aportar muchísimo a la tan necesitada economía de Puerto Rico? Tenemos lo más importante y de primera calidad: productores, directores técnicos, actores; en fin, profesionales de la industria cinematográfica que cubren prácticamente todas las bases.

Durante la pasada década creamos varias condiciones favorables para el financiamiento del cine, la Ley 362 y el Fondo Cinematográfico. Nos falta desarrollar la distribución para comenzar a establecer una industria de cine en Puerto Rico. ¿Y por qué no lo hemos hecho, por qué no se ha logrado? La respuesta es sencilla y obvia: porque al Gobierno no le interesa realmente la industria de cine. Ningún gobierno de Puerto Rico ha presentado nunca un plan de trabajo serio sobre el desarrollo de la industria de cine en nuestra isla y muchos menos ha sabido implementar las buenas ideas que les presentan los profesionales del sector. Al día de hoy no tenemos una política pública sobre este tema, mucho menos un plan de desarrollo. Cada cuatro años cambia la administración y se vuelve a empezar prácticamente de cero.

En casi todas las ocasiones, los gobiernos de turno se han negado a nombrar a una persona conocedora de la industria de cine en Puerto Rico a dirigir la Corporación de Cine. Puedo señalar, sin miedo a equivocarme, que los nombramientos a la dirección ejecutiva de la Corporación de Cine, desde su creación en la década del 70 del pasado siglo hasta el presente, han sido premios políticos, sin importarles el impacto negativo que éstos tendrían sobre el cine que se hace en nuestro país. Desafortunadamente, esa mala costumbre sigue vigente y no se ve una solución rápida a este problema.

Durante la pasada administración hubo una combinación muy negativa entre el poder que ejerció el director ejecutivo y la falta de supervisión de los responsables de esta tarea. Como consecuencia de esto se dio el mayor nivel de irregularidades en la historia de la Corporación de Cine. La evidencia de estas acciones es abundante. Pero lo que más preocupa es la falta de interés de la actual administración para investigar las numerosas irregularidades que se llevaron a cabo.

Se ha demostrado que la producción de cine en Puerto

Rico es uno de los negocios que más está aportando a la economía. Ahora falta que el gobierno tome este asunto en serio y lo encamine profesionalmente hacia la creación de una industria de cine en Puerto Rico.

El Cine Puertorriqueño

Por: Pepe Orraca - 2003

Pero antes quiero felicitar al alcalde del Municipio de Carolina, el Honorable José Aponte de la Torre, y a la distinguida asamblea municipal que dieron paso y apoyo para que esta actividad pudiera celebrarse y a Ángel Pérez, que por su empeño y labor nos ha reunidos aquí.

Esta muestra, o festival de cine es importante. La historia de nuestro cine es de producciones esporádicas, aparentemente inconexas, con pausas entre las exhibiciones de hasta diez años entre una película y otra. Con ver una película de Efraín López-Neris y otra de Jacobo Morales, de forma aislada, no basta para conocer el cine nuestro.

Desde principios del siglo XX, 1912 para ser exactos, se están filmando películas en Puerto Rico. Don Rafael Colorado se dispuso a construir laboratorios y estudios de cine para el 1919. Ese mismo año llega Juan Viguié de estudiar cinematografía en Nueva York y se establece como director y camarógrafo. Los renombrados poetas, y hombres de letras, Nemesio Canales, y Luis Lloren Torres, se unen al afán de hacer películas. Y finalizando la década de los 20's se filma en la Isla la primera película sonora.

Durante los años 50's y 60's el cine nuestro tuvo distribución mundial y aceptación en los mercados Hispanos de Estados Unidos, y algunos países del caribe, centro y sur América. En los años 70's revive la producción local con el cine filmado en 16mm. Y los 80's culmina con la nominación para el Oscar por *Lo que le Pasó a Santiago*. La pasada década vio un enorme progreso en la calidad de la producción y la aceptación con entusiasmo por parte de la televisión para las películas hechas aquí.

Para poder concebir lo que es el cine puertorriqueño hace falta ver nuestra producción en contexto. Es al ver nuestro cine en colecciones, en mazos, que podemos encontrar los temas que entrelazan décadas en el tiempo con un mismo sentido que podemos llamar, quizás, puertorriqueñidad. Es con festivales de cine como este que tenemos la oportunidad de ver el trabajo de Jacobo Morales, Marcos Zurinaga, Luis Molina, como un grupo de artistas contemporáneos con visiones divergentes sobre lo que es la temática, pero con un propósito común, de recrear nuestra historia, y conservar la memoria de lo que fuimos y de lo que somos. Felicito a los organizadores de este festival y les lanzo el reto de que algún día todos los estudiantes de Puerto Rico pudieran tener acceso, y poder ver cualquier película hecha por nosotros, de cualquier época, en cualquier momento. La tecnología existe, al menos en teoría, solo falta la tenacidad y el esfuerzo que ya han demostrado al organizar esta actividad. Y el apoyo de un municipio como este que ha mostrado tener visión hacia el futuro.

¿Qué es *cine puertorriqueño*? Hago esta pregunta a sabiendas que estamos inaugurando un festival de cine puertorriqueño. Las palabras, o frase, *cine puertorriqueño* es un tipo de genérico, como la navajita Gem o el Chiclet, que representa una idea amplia que recoge una diversidad de géneros, estilos y propósitos.

La fácil respuesta a esa pregunta es: un cine hecho por puertorriqueños. Digo que es fácil porque, aunque tenga sentido, no deja claro cuando una película deja de ser puertorriqueña, aunque haya sido hecha por puertorriqueños.

El ejemplo son las películas *Tango Bar* y *La Muerte de García Lorca*.

Ambas fueron realizadas por Marcos Zurinaga. *Tango Bar* origina en Puerto Rico, al igual que *Lorca*, pero luego evolucionan en cuanto a la envergadura del presupuesto y la producción, y aunque parte se filma en la Isla, se terminaron de filmar en Argentina, la primera, y en Hollywood y España la otra. Ambas son protagonizadas por puertorriqueños y el diálogo es mayormente en español, aunque en menor grado en el caso de *Lorca*.

¿Es legítimo catalogar a *Tango Bar* como una película puertorriqueña, a pesar de que narra la historia del tango y su única relación con Puerto Rico son las nacionalidades del protagonista y el director? Pregunto también lo contrario, ¿es legítimo descartar esta película de la filmografía nuestra, a pesar de que se gestiona en el Paseo de Covadonga en Puerta de Tierra, la casa productora es netamente criolla, y los roles determinantes frente y detrás de cámara son nacidos en esta patria?

Lo mismo podemos preguntar de *Manito*, una película filmada por puertorriqueños, en parte, protagonizado por puertorriqueños en su mayoría, cuya trama gira en torno a la vida del puertorriqueño en Nueva York. ¿Dónde colocamos a *Manito*? ¿Es, o no, una película puertorriqueña? Para hacer la respuesta más difícil, añado que la película fue filmada en inglés.

Under Suspicion es otro caso interesante. Filmada totalmente en San Juan, con una trama que se desarrolla durante las Fiestas de San Sebastián, donde hasta el personaje coprotagónico, interpretado por Morgan Freeman, también coproductor, es puertorriqueño y la inmensa mayoría del reparto son artistas del patio, y más, la proporción de técnicos locales fue igual. ¿Nos atrevemos a incluirla en el repertorio nacional? Es cierto que fue filmada en inglés, y la producción original afuera, pero todos los personajes son puertorriqueños y la trama se desarrolla aquí.

Se hace claro que no basta con ser sobre Puerto Rico, ni basta que sea en español, ni que sea hecha por puertorriqueños, para que una película pueda llamarse cine puertorriqueño. Es ciertamente más sencillo encontrar aquellos elementos que nos permiten rechazar, o descartar, una u otra película del archivo nacional, que encontrar los puntos de coincidencia en la enorme variedad de películas que se han hecho en Puerto Rico por puertorriqueños, que, sin embargo, y aquí me arriesgo a contradecirme, se nos hacen fácil decir: esta película es puertorriqueña, y esta otra no lo es.

¿Acaso existe alguna esencia que podamos percibir intuitivamente que nos haga llegar a la conclusión de que cuáles películas son puertorriqueñas y cuáles no? La respuesta tiene que ser no. Un algo inmedible, intuitivo, como explicación no puede ser aceptable. La respuesta tiene que ser concreta, específica, medible, y tiene que poderse reproducir a voluntad. En otras palabras, que puedas, con clara intención, salir y filmar una película que sea puertorriqueña. Busquemos la respuesta.

Podemos distinguir dos grandes categorías, cine Hecho en Puerto Rico, tal como Hecho en México, o Hecho en la China, y el cine nacional. Bajo el título Hecho en Puerto Rico podemos colocar el sin fin de películas filmadas en Puerto Rico por personas o compañías, que vienen de afuera a filmar a la Isla, ya sea por razones de costo, escenarios naturales, o talento artístico, pero cuyas tramas podrían llevarse a cabo en cualquier otro lugar. También podemos añadir a esta categoría, aquellas películas que se originan en Puerto Rico, por puertorriqueños, con tramas que se filman en Puerto Rico, pero que no reflejan una verdad puertorriqueña. Al igual que las que vienen de afuera, estas pudieran filmarse donde quiera. Ejemplo, *Angelito Mío*, un éxito de taquilla, escrita, producida, dirigida, por puertorriqueños, pero que para el contexto de su historia Puerto Rico es irrelevante. Esta es una película Hecha en Puerto Rico,

282

bien hecha, pero no puede considerarse como muestra de un cine nacional. Igual que una producción italiana, que trate sobre las aventuras de Ulises, no puede servir de ejemplo de lo que es el cine italiano, tal como lo es *Cinema Paradiso.*

Para una película poderse llamar cine puertorriqueño tiene que haber no solo un fundamento técnico y artístico del patio, sino que su trama tiene que estar íntimamente ligada a una realidad puertorriqueña. Para mí, el cine nacional, de cualquier nación, tiene que ser un espejo cultural. Tiene que contener un reflejo real de lo que somos, o hemos sido, de cómo somos, y de lo que hacemos con la vida que nos toca. Para que cine sea puertorriqueño tenemos que podernos ver en la pantalla, reconocer los personajes y las situaciones que se narran, como nuestras. Y al vernos retratados en este espejo cultural, llevarnos a pensar: ¿es verdad qué somos así? y ¿por qué somos así? ¿qué nos hace actuar de esa manera? ¿estamos orgullosos de lo vemos? ¿O nos sentimos defraudados por quiénes somos?

Mas que la literatura y el teatro, por sus limitaciones prácticas, solo el cine puede llegar a todos los hogares. Y permitir, sin un costo significativo, volver a ver aquello que nos llamó la atención, que nos hizo reír, que nos divirtió, que nos entretuvo por un espacio de hora y media, y que nos deja pensando por semanas o meses.

Es por esto que el cine puertorriqueño es importante. Porque es importante que nos podamos mirar en el espejo y saber si estamos bien puestos, o si la corbata está torcida, o los pantalones estrujados. Si no podemos vernos, podemos hasta olvidar quienes somos, y dejar de reconocernos cuando nos encontremos en otros lugares o países.

Es importante que se hagan películas en Puerto Rico, y es bien importante que hagamos películas puertorriqueñas. Películas que retraten nuestro diario vivir, nuestro afán con las cosas y la vida, nuestra manera de enfrentar nuestra realidad y resolver los conflictos que perfilan una trama y le añaden 'sabor' a nuestra vida.

Y es igual de importante que se exhiba nuestro cine, como en este ciclo, o festival, para que todos podamos apreciar, con una sonrisa, quiénes somos y qué nos hace puertorriqueños.

Un Nuevo Cine Puertorriqueño

Por: Roberto Ramos-Perea - 2009

Dramaturgo Puertorriqueño

Lo que es obvio para muchos de los hacedores de cine en Puerto Rico, quizá no lo sea tanto para los que lo consumen. Hay un nuevo cine puertorriqueño desde la década del ochenta, cuando por razones tecnológicas que todos conocemos, el video análogo y luego el digital se convirtieron en la revolución liberadora de la prisión económica del cine fílmico.

Aquellos primeros unitarios de televisión que por alguna razón caprichosa duraban más de 60 minutos, como *Obsesión de amor* (c.1980) con Sharon Riley, o *La Rosa Blanca* (1979) de Elín Ortíz señalaron un camino para la producción de largometrajes de ficción que poco a poco, pero de manera segura haría frutos.

"El impulso digital" a mediados de los noventa, diríase que fue un soberano empujón que nos rompió la boca contra el suelo. Muestras de excelencia del cine puertorriqueño como *12 Horas* (2002), *Héroes de Otra Patria* (1998), *Plaza Vacante* (2001) y *El Callejón de los cuernos* (1998) provocan que la esperanza se afirme sobre bases sólidas y abren las puertas a recursos y estructuras de producción que

habían sido rechazadas por aquellos que entendían que, de haber algún cine puertorriqueño, éste tenía que seguir como borrego incauto, los modos de producción estadounidenses.

Estadísticas del Archivo Nacional de Teatro y Cine del Ateneo han completado un registro de 1,187 películas puertorriqueñas o relacionadas a Puerto Rico desde sus inicios en 1898 hasta hoy. De todas esas muestras de todo tipo de cine (coproducciones, documentales, cortos, mediometrajes, animaciones y demás), aproximadamente 112 de ellas desde 1989 al 2005 han sido largometrajes de ficción puertorriqueños filmados en video análogo o digital.

Los trabajos de TUTV en colaboración con compañías productoras nuevas, que han dado a la pantalla excelentes trabajos como *Desamores* (2004), o los mismos producidos por ellos como *Desandando la vida* (2003), *Revolución en el Infierno* (2004), y *Pa' eso estamos* (2005), por mencionar algunos de los últimos, han sido muestra fehaciente de que hay un proceso llevándose a cabo de la mano del Gobierno que, en este caso, se trasluce en excelencia.

Las filmaciones de *Cayo* (2004), y de otras películas auspiciadas por la Oficina de Fomento de Cine, aunque en una tortuosa lucha con las estructuras de filmación y distribución norteamericanas, muestran la pujanza y el deseo de que ese nivel de producción continúe, aunque a todas luces sea disfuncional, no rentable y agotadoramente complejo.

La autogestión es la única manera que ha mostrado posibilidades de desarrollo y de excelencia artística. Es curioso como en los últimos meses, en las páginas de los diarios se da cuenta de numerosas producciones puertorriqueñas de películas en digital que se realizan sin siquiera saber si se podrán exhibir en alguna pantalla o en la televisión. Se hacen por la simple pasión de hacer cine, no para competir en el mercado americano ni para entrar en la ya impenetrable y absurdamente compleja cadena de distribución del cine comercial. Hay un cine que, por su persistencia, -y con la tecnología a su favor- vencerá esas trabas.

La reciente producción de Taínos, -que no sabemos aún cómo pudo franquear los absurdos requisitos de las salas comerciales a quienes no les importa el cine puertorriqueño- es muestra de que una autogestión mesurada, sin pretensiones, puede alcanzar sus objetivos. Actores de cine nuevos como Josué Reyes y Christie Miró, protagonistas de esta película, mostraron que hay un talento actoral que no es el que siempre se considera obvio.

Como dije, muchas de estas producciones quizá sólo alcancen una pasada de estreno, 200 copias del DVD, y ahí quedaron. Por ello, será urgente que de la misma forma que se crea un cine nuevo en Puerto Rico, se creen nuevas avenidas para que este cine pueda ser disfrutado por nuestro pueblo sin las cortapisas de la distribución dominada por Estados Unidos, y sin la censura de la televisión local.

Al igual que el teatro o los espectáculos de entretenimiento, cada organización cultural, cada municipio, debería proveer un espacio alternativo como red de distribución de este cine.

En este momento el laboratorio Gaspard de la Nuit del Ateneo filma su película Después de la Muerte. Nosotros no iremos al cine de un centro comercial, ni mucho menos por su contenido nos dejarán espacio en la televisión. Pero ya tenemos hablados varios centros culturales de la Isla que han mostrado decisivo interés en que se proyecte la película. Así, se mostrará en la serie de Cine Sin Pantalla del Ateneo, y si aún existiese el Cine Ballajá, allá iremos a proponerlo. Pues fue el cine Ballajá un espacio imprescindible para que este nuevo cine puertorriqueño encontrara casa, por lo que resulta vergonzoso que este vital esfuerzo se vea ahogado por la burocracia cultural nacional.

Estoy seguro de que el pueblo apoyará este nuevo cine que se está haciendo y con la ayuda de los municipios se podrá lograr, como la ya iniciada gestión de los alcaldes de Manatí y San Germán, quienes muestran un ávido interés porque sus pueblos vean el cine puertorriqueño, e incluso de que las bellezas de sus municipios se usen como locaciones fílmicas.

Dejemos de soñar con esa desleal y absurda competencia

con las estructuras del cine norteamericano, avenidas que siempre serán estrechas y tortuosas para nosotros. Reevaluemos esos esquemas de producción que nunca podremos alcanzar con nuestra realidad económica tercermundista. Nuestro cine puertorriqueño no tiene nada que ver con ellas y si algo los une, es sólo la ambición de los cineastas nacionales de parecer, producir y vivir como lo que no son ni podrán ser. Esa *"pesadilla norteamericana del cine puertorriqueño"* no debe ocurrir nunca.

Exploremos la avenida de una distribución nacional alternativa, que, con tiempo y entusiasmo, estoy seguro de que será ancha y libre para todos.

REFERENCIAS BIBLIOGRÁFICAS

Abreu-Torres, D. (2004). *El cuerpo incorrecto: cuerpos y confrontaciones en la narrativa de Mayra Santos-Febres.* Tesis. Escuela Graduada de la Universidad de Florida, Estados Unidos. Tomado el 3 de marzo de 2008 de: http://etd.fcla.edu/UF/UFE0004874/abreutor es_d.pdf

Beato, Ulises (Koenigsberg, Alex; ed.). SIAM SOO: She puts the Oh-Oh in Grafonola. **Antique Phonograph Monthl**y. Vol. IX, Núm. 1. Recuperado de página de internet http://www.t-h-a-i-l-a-nd.org/talkingmachine/siamsoo.html

Cinematógrafo. (s/f). *La Balanza de Puerto Rico*, P.2. https://grimh.org/index.php?option=com_con tent&view=article&layout=edit&id=947&Itemi d=678&lang=fr&fbclid=IwAR1zXXBV0RXFd F24nvZvi0xVkRRGH33lW2_EZWz1mpD1mw KVSV2sAxdo7sw

Cinematógrafo. (15 de mayo de 1897). *La Bandera Española de Puerto Rico*,P.3.https://grimh.org/index.php?option=c om_content&view=article&layout=edit&id=94

7&Itemid=678&lang=fr&fbclid=IwAR1zXXB
V0RXFdF24nvZvi0xVkRRGH33lW2_EZWz1
mpD1mwKVSV2sAxdo7sw

Cinematógrafo. (19 de mayo de 1897). *La Balanza de Puerto Rico*, P.3. https://grimh.org/index.php?option=com_con tent&view=article&layout=edit&id=947&Itemi d=678&lang=fr&fbclid=IwAR1zXXBV0RXFd F24nvZvi0xVkRRGH33lW2_EZWz1mpD1mw KVSV2sAxdo7sw

Cinematógrafo (1ro de junio de 1897). La Democracia de Ponce. https://grimh.org/index.php?option=com_con tent&view=article&layout=edit&id=947&Itemi d=678&lang=fr&fbclid=IwAR1zXXBV0RXFd F24nvZvi0xVkRRGH33lW2_EZWz1mpD1mw KVSV2sAxdo7sw

Cinematógrafo. (3 de junio de 1897). La Democracia de Puerto Rico P.3. file:///E:/Cines%20Investigacion%20Hernand ez%20Mayoral/1890s/1897/970602%20La%20 Democracia.pdf

Cinematógrafo en Arecibo. (29 de julio de 1897). *La Correspondencia de Puerto Rico*.P.3.https://grimh.org/index.php?option=com_content&view=article&layout=edit&id=947&Itemid=678&lang=fr&fbclid=IwAR1zXXBV0RXFdF24nvZvi0xVkRRGH33lW2_EZWz1mpD1mwKVSV2sAxdo7sw.

Cinematógrafo en Arecibo. (31 de julio de 1897). *La Correspondencia de Puerto Rico*.P.3.https://grimh.org/index.php?option=com_content&view=article&layout=edit&id=947&Itemid=678&lang=fr&fbclid=IwAR1zXXBV0RXFdF24nvZvi0xVkRRGH33lW2_EZWz1mpD1mwKVSV2sAxdo7sw.

Cinematógrafo. (8 de agosto de 1897). *Boletín Mercantil de Puerto Rico*. https://grimh.org/index.php?option=com_content&view=article&layout=edit&id=947&Itemid=678&lang=fr&fbclid=IwAR1zXXBV0RXFdF24nvZvi0xVkRRGH33lW2_EZWz1mpD1mwKVSV2sAxdo7sw.

Cinematógrafo. (10 de agosto de 1897). *La Correspondencia de Puerto Rico*. P.3.

https://grimh.org/index.php?option=com_con
tent&view=article&layout=edit&id=947&Itemi
d=678&lang=fr&fbclid=IwAR1zXXBV0RXFd
F24nvZvi0xVkRRGH33lW2_EZWz1mpD1mw
KVSV2sAxdo7sw.

Cinematógrafo. (3 de septiembre de 1897). *La
Correspondencia de Puerto Rico.*
P.3.https://grimh.org/index.php?option=com_
content&view=article&layout=edit&id=947&It
emid=678&lang=fr&fbclid=IwAR1zXXBV0R
XFdF24nvZvi0xVkRRGH33lW2_EZWz1mpD
1mwKVSV2sAxdo7sw.

Cinematógrafo. (6 de septiembre de 1897). *La
Correspondencia de Puerto
Rico.*P.2.https://grimh.org/index.php?option=c
om_content&view=article&layout=edit&id=94
7&Itemid=678&lang=fr&fbclid=IwAR1zXXB
V0RXFdF24nvZvi0xVkRRGH33lW2_EZWz1
mpD1mwKVSV2sAxdo7sw.

Cinematógrafo. (13 de septiembre de 1897). *La
Correspondencia de Puerto
Rico.*P.3.https://grimh.org/index.php?option=c
om_content&view=article&layout=edit&id=94

7&Itemid=678&lang=fr&fbclid=IwAR1zXXB
V0RXFdF24nvZvi0xVkRRGH33lW2_EZWz1
mpD1mwKVSV2sAxdo7sw.

De, Puerto Rico, L.B. (Ed.) (8 de mayo de 1897).Cinematógrafo.
https://grimh.org/index.php?option=com_con
tent&view=article&layout=edit&id=947&Itemi
d=678&lang=fr&fbclid=IwAR1zXXBV0RXFd
F24nvZvi0xVkRRGH33lW2_EZWz1mpD1mw
KVSV2sAxdo7sw.

De Ponce, L. D. (4 de junio de 1897). El Cinematógrafo.

De Ponce, L. D. (9 de junio de 1897). *El Cinematógrafo.*

De Puerto Rico, L. C. (9 de mayo de 1897). *El Cinematógrafo.*

Del Rosario, R. (1984). *Ser Puertorriqueño y otros ensayos.* Ediciones Fareso, Madrid España.

Fitzgerald, J. R. The Strange Case of Siam Soo. The box held the clue. Recuperado de http://www.t-h-a-i-l-a-n-d.org/talkingmachine/siamsoo.html

Hernández Mayoral, J. A. (2021). Los Viejos Cines de Puerto   Rico.

https://rafaelhernandezcolon.org/index.php/20
20/12/10/los-viejos-cines-de-puerto-rico/.

Juhász, E. (2003). *Construyendo la puertorriqueñidad: ¿aquí
y/o allá? Ciudadanía, cultura, nación y las fronteras de
la identidad nacional en tiempos de globalización.*
Extraído el 6 de junio de 2007 de,
http://www.red.org.ve/view/docs/juhaszcl3.pd
f

La Correspondencia de Puerto Rico, P. L. C. (24 de mayo
de 1901).

La Correspondencia de Puerto Rico, L.D (24 de mayo de
1901).

La Correspondencia de Puerto Rico, L.D (25 de mayo de
1901).

La Correspondencia de Puerto Rico, L. D. (29 de mayo
de 1901). *PONCE.*

La Correspondencia de Puerto Rico, L. D. (30 de mayo
de 1901). *PONCE.*

La Correspondencia de Puerto Rico, L. D. (8 de junio de
1901). *CINEMATÓGRAFO.*

La Correspondencia de Puerto Rico, P. L. C. (26 de junio de 1901). *TEATRO.*

La Correspondencia de Puerto Rico, P. L. C. (7 de julio de 1901).

La Correspondencia de Puerto Rico, P. L. C. (8 de julio de 1901). *EN EL TEATRO EL CINEMATÓGRAFO.*

La Correspondencia de Puerto Rico, L.D (9 de julio de 1901).

La Correspondencia de Puerto Rico, P. L. C. (13 de julio de 1901). *Teatro, en el cinematógrafo.*

La Correspondencia de Puerto Rico, P. L. C. (17 de julio de 1901). *Teatro.* Mr. Hervet sigue alborotando a los muchachos.

La Correspondencia de Puerto Rico, P. L. C. (18 de julio de 1901). *Teatro. Cinematógrafo Lumiere.* Tour de force realizado por Mr. Hervet.

La Correspondencia de Puerto Rico, P. L. C. (22 de julio de 1901). *Teatro.* El Cinematógrafo Lumiere.

La Correspondencia de Puerto Rico, P. L. C. (24 de julio de 1901). *Teatro.* El Cinematógrafo Lumiere.

La Correspondencia de Puerto Rico, P. L. C. (31 de julio de 1901). *En el teatro.*

La Correspondencia de Puerto Rico, P. L. C. (1ro de agosto de 1901).

La Correspondencia de Puerto Rico, P. L. C. (2 de agosto de 1901). *Fin del Cinematógrafo.*

Herbert, Stephen. **A History of Pre-Cinema**. Vol I. Routledge, 2001.

Hillier, Mary. **Automata and Mechanical Toys**. Bloomsbury Books, Londres, 1976

Howland Kenney, William. **Recorded Music in American Life: The Phonograph and Popular Memory 1890-1945**. Oxford University Press, 1999

Malawski, Scott. The Secret Life of Siam Soo: Her Identical Twin Revealed in never Before Seen Detail. **In the Groove**, Julio 2003, páginas 4-5, 16

Nagle, John J. **A Brief History of the National Company, Inc.** Recuperado de http://www.qsl.net/jms/bio_rem/bhnc.html

Nelson, Pamela B. **Toys as History: Ethnic Images and Cultural Change. An Exhibition at the Balch Institute for Ethnic Studies**. Ferris State University, April-October 1990. Recuperado de www.ferris.edu/jjmcrow/links/toys/homepage.htm

Ramos, R. (2008). *Historia Desconocida y Manifiesto por un Cine Puertorriqueño Independiente y Libre*. San Juan: Le Provincial.

Rolfs, Joan y Robin. **Phonograph Dolls and Toys**. Mulholland Press, Los Angeles, 2004

Rosenblatt, Naomi. Orientalism in American Popular Culture. **Penn History Review**. Vol. 16, Núm. 2, 2009, páginas 51-63

Said, Edward. **Orientalism**. Vintage Press, 1979

Shea, Ralph A. **Doll Mark Clues: Numbers in Antique Doll Marks, Part E**. Vol. 6, First Edition, página 259

Smith, Jacobs. Phonograph Toys and Early Sound Cartoons: Towards a History of Visualized Phonography, en **Animation**, 2012: Núm. 7, páginas 151-174

War Hysteria and the Persecution of German-Americans. Recuperado de http://www.authentichistory.com/1914-1920/2-homefront/4-hysteria/\

ENLACES DE CONTACTO

Cinemovida

Facebook:

https://www.facebook.com/groups/8023687678/

Canal de YouTube:

https://www.youtube.com/@cinemovidavideos

Página web:

http://cinemovida.net/

NOTAS

[i] Walter Benjamin. *The Work of Art in the Age of Mechanical Reproduction*, en **Illuminations: Essays and Reflections**, Hannah Arendt (ed.), Schocken Books, New York, 2007, páginas 217-252. Sobre el impacto cultural del medio fotográfico véase también, entre otros, a Michel Frizot. **El imaginario fotográfico**. Ediciones Ve S.A., Consejo Nacional para la Cultura y las Artes / UNAM / Fundación Televisa, 2009, y Pierre Sorlin. **El siglo de la imagen analógica: Los hijos de Nadar**. Editorial La Marca, Biblioteca de la mirada, Buenos Aires, 1997

[ii] Freund, Giséle. **La fotografía como documento social**. Editorial Gustavo Gili, S.A., Barcelona, 1976

[iii] Ya desde inicios y mediados del siglo XIX existían esfuerzos y desarrollos tecnológicos dirigidos a la reproducción de sonidos, pero estos se limitaban a procedimientos de aplicabilidad científica enfocados en el estudio de las ondas sonoras. Ejemplo de uno de estos instrumentos es el "fonoautógrafo" desarrollado por el francés Edouard-Léon Scott en 1857. No obstante, estos desarrollos eran muy limitados y distan mucho del impacto cultural e industrial que representó el "fonógrafo" de Edison. El fonógrafo original de Edison consistía en un mecanismo mecánico-acústico, el cual grababa o inscribía las ondas sonoras sobre un cilindro recubierto de una cera o

compuesto especial, ello a través de una aguja adherida a un diafragma vibrante. En su etapa comercial inicial, la empresa Edison Phonograph Company manufacturaba y vendía, tanto el fonógrafo como los pequeños cilindros con grabaciones musicales, discursos y otros sonidos de interés general.

[iv] William Howland Kenney. **Recorded Music in American Life: The Phonograph and Popular Memory 1890-1945.** Oxford University Press, 1999

[v] Recuperado del internet: *www.razzarsharp.com/Phonographs/bOtherBrands.*

[vi] Para un estudio más amplio de los antecedentes y evolución del cinematógrafo véase Stephen Herbert. **A History of Pre-Cinema**. Vol I. Routledge, 2001.

[vii] El primer filme sonoro de largo metraje fue *The Jazz Singer* (1927), de la Warner Brothers. Este dio impulso a la popularidad de los *"talkies"*, llevando a la desaparición de muchos artistas de la época del cine silente, los cuales no pudieron hacer una transición efectiva al nuevo medio (similar a lo que surgió en la transición de los programas dramáticos radiales al medio televisivo en los años 50).

[viii] Jacobs Smith. Phonograph Toys and Early Sound Cartoons: Towards a History of Visualized Phonography, en **Animation**, 2012: Núm. 7, páginas 151-174

[ix] Idem., páginas 151-153. El "phonoreel" era un rollo de de dibujos en serie individuales que al girarse rápidamente creaba la

ilusión visual de movimiento. El mismo se colocaba en un aparato sobre el fonógrafo y era accionado por el movimiento circular del plato, al mismo tiempo que se reproducía la música del disco. Smith establece que esta es la primera referencia a una reproducción conjunta de imagen y sonido.

[x] Pamela B. Nelson. **Toys as History: Ethnic Images and Cultural Change. An Exhibition at the Balch Institute for Ethnic Studies.** Ferris State University, April-October 1990. Recuperado de www.ferris.edu/jjmcrow/links/toys/homepage.htm, página 1

[xi] Ibid.

[xii] Edward Said. **Orientalism.** Vintage Press. (1978), 1994, página 3

[xiii] Ibid., página 4

[xiv] Ibid., página 205

[xv] Naomi, Rosenblatt. Orientalism in American Popular Culture. **Penn History Review.** Vol. 16, Núm. 2, 2009, páginas 51-63

[xvi] Muy en especial se destacan la *"Columbian Exposition"* de Chicago (1893) y la *"Lousiana Purchase Exposition",* de San Luis (1904-1905). Rosenblatt destaca como en estas ferias o exposiciones, los pabellones y exhibiciones dedicadas a los países asiáticos y africanos eran los que más atraían las masas de público, movidos por el morbo y la

curiosidad ante los temas "exóticos" o "pintorescos".
Pabellones como los de Filipinas, China, Japón, Arabia,
Egypto y Siam, entre otros, causaron gran sensación y
aportaron a reforzar las tendencias y gustos orientalistas
en la sociedad de la época (Ibid., páginas 51 y 58).

[xvii] Desde sus etapas iniciales Hollywood capitalizó la atracción del
público hacia los temas orientales, proceso que se
reforzó mucho más trás el revuelo internacional que
provocó el descubrimiento de la tumba y riquezas del
faraón Tutankamón (1922), evento que desató una
obsesión generalizada por todo lo estéticamente egipcio
u oriental (proceso de estetización que influenció
significativamemte en el surgimiemto posterior del
llamado estilo "art deco"). En esta línea orientalista
podemos destacar filmes como *"Intolerancia"* (1916),
"Cleopatra" (1917), *"El Jeque"* (1921), *"Los 10
Mandamientos"* (1923), *"El ladrón de Bagdad"* (1924), *"El
Rey y yo"* (Ana y el Rey de Siam, 1956) *y "Lawrence of
Arabia"* (1962), entre muchos otros. Según Rosenblatt,
estos filmes tipifican todos los estereotipos orientalistas
sobre el medio oriente, representando sus tierras y
culturas como hermosas, misteriosas, sexualmente
atrayentes, mientras a sus habitantes como bárbaros,
salvajes y tiránicos (Rosenblatt, <u>Orientalism in American
Popular Culture</u>…, Op. Cit., página 61). Es interesante
confirmar que estas nociones orientalistas prevalecen en
producciones hollywoodenses contemporáneas, tal y
como se evidencia de forma muy patente en los discursos
orientalistas de películas tan recientes como *"300"*

(2006), del director Zack Snyder, en la cual se idealiza la superioridad de la "civilización" y la "democracia" griegas por sobre las "bestias" tiránicas y bárbaras de los persas y sus vasallos.

[xviii] Said, **Orientalism**..., Op. Cit., página 207.

[xix] Rosenblatt. Orientalism in American Popular Culture..., Op. Cit., página 58

[xx] Existen dos (2) modelos de *Siam Soo*, el original con soportes plegables y otro con soportes rígidos.

[xxi] Un anuncio de la época incluso indica concretamente: *"Siam Soo dances to these Oriental Records".* Se destacan entre otros títulos *Dardanella* (Columbia A2831), *Karavan* (Columbia A2931), Sweet *Siamese* (A2712), *The Hula Blues* (Columbia A3306), *La Veeda* (Columbia A2972) y *Behind your Silken Veil* (Columbia A2758), entre otros. Véase Ulises Beato (Koenigsberg, Alex; ed.). SIAM SOO: She puts the Oh-Oh in Grafonola. **Antique Phonograph Monthly**. Vol. IX, Núm. 1. Recuperado de página de internet

http://www.t-h-a-i-l-a-nd.org/talkingmachine/siamsoo.html

[xxii] *Siam Soo* (extrato). Letra de Sidney F. Lazarus, música de Otto Motzan y M.K. Jerome. Columbia Graphophone Co. (A-3379), 1921.

[xxiii] Un último dato curioso que podría tener relación con el origen de *Siam Soo* y su fuerte estereotipo orientalizado, gira en torno a la persona del propio Morton E. Converse,

fundador y dueño de la compañía manufacturera homonima, creadora de la muñeca. Descendiente de una familia acomodada de inmigrantes franceses, Converse hizo de su compañía una de las empresas fabricantes de juguetes más grandes del mundo, sin dudas la más grande de los EEUU hacia fines de siglo XIX. Reflejo y ejemplo del típico *"tycoon"* acaudalado de inicios de siglo XX, Converse fue un asiduo viajero y aficionado a los *"Grand Tours"*. En nuestra investigación en los archivos electrónicos de la *"Historic Homes and Institutions and Genealogical and Personal Memoirs of Worcester County, Mass"* y de la *"History of Worcester Society of Antiquity"*, encontramos varias tarjetas postales enviadas por Converse a sus familiares desde varias localidades del mediano y lejano oriente. Una de estas postales muestra al matrimonio Converse montando camellos frente a la esfinge y las pirámides de Egipto. Otra postal —aunque es evidente que es una composición posada dentro de un estudio fotográfico— muestra al matrimonio en típicos carruajes individuales, tirados por corredores aparentemente hindúes. No es de extrañar que esta afición y experiencias de Converse en estos destinos "exóticos" hayan aportado a su visión orientalista, la cual encontraría una natural expresión en uno de sus más exitosos juguetes.

[xxiv] John J. Nagle. **A Brief History of the National Company, Inc.** Recuperado de http://www.qsl.net/jms/bio_rem/bhnc.html

[xxv] Nelson. **Toys as History: Ethnic Images**…, Op. Cit.

[xxvi] El término *"coon"* es una derivación abreviada de "raccoon" (mapache), en alusión a las facciones de dicho animal que aparenta tener una máscara sobre sus ojos. La implicación se relaciona al blanco disfrazándose con facciones de negro. Por supuesto, parte de la burla peyorativa consistía en exagerar ciertos rasgos considerados cómicos, tales como labios gruesos (exagerados con pintura blanca o roja), así como ojos saltones. Existen multiples ejemplos de la figura del *"coon"* y del nombre *"rastus"* empleados en anuncios publicitarios, juguetes, espectáculos, obras literarias, canciones, e incluso en cortos fílmicos de las etapas iniciales del cine silente. Una de las más famosas y longevas estrategias publicitarias fue el uso de un hombre negro de nombre *"Rastus"* como personaje principal de venta del producto Cream of Wheat, entre 1893 hasta 1925.

[xxvii] **War Hysteria and the Persecution of German-Americans.** Recuperado de http://www.authentichistory.com/1914-1920/2-homefront/4-hysteria/

[xxviii] El *"Tío Sam"* (*Uncle Sam* en inglés, derivado de las siglas U.S.) es un personaje del folclor norteamericano que representa la personificación nacional de los EEUU y, específicamente, del gobierno estadounidense. El primer uso del nombre se remonta a la Guerra de 1812. Habitualmente se representa como un hombre mayor, de semblante serio, pelo blanco, barba y vestido con ropa que asemeja a la bandera de los Estados Unidos.

Irónicamente, la primera representación gráfica del personaje (ca. 1870) se atribuye a Thomas Nast, caricaturista de origen alemán.

xxix Nelson. **Toys as History: Ethnic Images**…, Op. Cit.

xxx Como bien indica Jacob Smith: *"The blatant erotic appeal of shimmy dolls makes it clear that these 'toys' were not been bought and enjoyed only by children, and are best placed in the context of a succession of national dance crazes fueled in part by the phonograph industry"*. Smith. Phonograph Toys and Early Sound Cartoons…, Op. Cit., página 160

xxxi Ibid., página 156

Made in the USA
Las Vegas, NV
04 May 2023

71543705R00174